制造想法

THE IMAGINATION
MACHINE

想象力
创造增长方法论

How to Spark New Ideas
and Create
Your Company's Future

［美］

马丁·里维斯
（Martin Reeves）

杰克·富勒
（Jack Fuller）

著

刘翀　译

中信出版集团 | 北京

图书在版编目（CIP）数据

制造想法 /（美）马丁·里维斯，（美）杰克·富勒
著；刘翀译 . -- 北京：中信出版社，2023.2（2023.4 重印）
书名原文：The Imagination Machine: How to
Spark New Ideas and Create Your Company's Future
ISBN 978-7-5217-4958-8

Ⅰ . ①制… Ⅱ . ①马… ②杰… ③刘… Ⅲ . ①企业创
新－研究 Ⅳ . ① F273.1

中国版本图书馆 CIP 数据核字（2022）第 221236 号

制造想法
著者： ［美］马丁·里维斯 ［美］杰克·富勒
译者： 刘翀
出版发行： 中信出版集团股份有限公司
（北京市朝阳区东三环北路 27 号嘉铭中心 邮编 100020）
承印者： 唐山楠萍印务有限公司

开本：880mm×1230mm 1/32 印张：11.5 字数：246 千字
版次：2023 年 2 月第 1 版 印次：2023 年 4 月第 2 次印刷
京权图字：01-2021-3849 书号：ISBN 978-7-5217-4958-8
定价：68.00 元

本书所获赞誉

在这个万物互联的时代，企业间的竞争最终都将成为企业员工想象力的竞争。因此，只有我们相信能把人的价值最大化，把员工从执行工具变为自主的创业先锋，我们才能立于不败之地。这本书提出了一些非常有力的问题与建议，值得一读。

——张瑞敏，海尔集团董事会主席兼 CEO

想象力是人类演化和发展的原点，仰望星空，我们赞美人类历史上的天才们以他们超凡的想象力改变世界。这本书提出了一个令人震撼的概念：制造想法。作者俯首现实，系统地分析了想象力是如何被激发、培养和传播，如何形成有想象力的思维模式，如何保持想象力和利用想象力。今天，世界正在经历巨变，传统正在被打碎，新世界在远方的地平线展现。点燃你的想象力，想象未来，创造未来。

——朱民，中国国际经济交流中心副理事长

今天的世界，疫情发生，需求不足，盈利下降，我们的企业都在面临挑战，创业者和投资者对未来的信心不足。越是沉闷的时候，越需要变革和创新，越是需要激发想象力，以全新的思路突破生产力和生产关系的旧框架。这本书生动地介绍了什么是想象力，让我们知道想象力并非无章可循，并非虚无缥缈的玄学，并探讨如何在商业组织中有步骤地构建想象力，相信对于渴望变革和创新的读者会很有帮助。

——余凯，地平线公司创始人兼 CEO，机器学习专家

企业存在的意义是为社会提供独特的产品和服务，回想我们在创业阶段设定的每个目标，解决的每个问题，大多是凭借创新的想法去实现的。然而在企业经营到一定规模后，特别是面对激烈竞争和增长减缓时，我们往往会追求标准化和执行力带来的确定性，忽略甚至完全忘记了"想象力"这台最核心的增长引擎。这本书再次提醒我们想象、探索和试验的价值，以及如何把组织打造成"想象力机器"以面对未来的不确定性。它是一本工具书，更是一本灵感之书，我会把它放在桌上最显眼的位置。

——龚槚钦，极飞科技联合创始人，PSL 巴黎九大高级工商管理博士

在这本书中，马丁·里维斯与杰克·富勒带我们踏上了一段欢乐的旅程，从洞穴壁画到人工智能的图像生成，从锡兰三王子的故事到主观感知角度下的世界观，从乐高到培乐多，还有亚马逊、迪士尼等公司的创业理念等。你一定会从中大受启发。

——鲍勃·古德森（Bob Goodson），NetBase Quid 公司总裁

如今这个时代，公司规模变得越来越大，商业模式的迭代速度越来越快，人工智能也在不断改变我们的工作方式。企业比以往任何时候都更需要想象力。马丁·里维斯与杰克·富勒并没有把想象力视为一种无法驾驭的艺术形式，而是用令人信服的方式向我们展示了企业如何能够系统性地培养与利用想象力。

——加里·哈默（Gary Hamel），伦敦商学院战略及国际管理教授，战略研究专家

这本书阐释了应该如何去点燃与掌控想象力，值得每位企业领导与员工阅读。

——史蒂夫·布兰克（Steve Blank），企业家，斯坦福大学兼职教授，《创业者手册》作者之一

在人们做出下一个划时代的大事件之前，必然要有人对此先产生想法。马丁·里维斯与杰克·富勒带我们深入探索想象力在企业和社会中所发挥的作用，我们将在这趟迷人的旅程中了解什么是想象力、它为什么如此重要，以及我们应该如何培养想象力。这对一个充满高度不确定性的时代来说，无异于一剂良药！

——丽塔·麦格拉思（Rita McGrath），《拐点》作者，哥伦比亚商学院教授

这是一本制作精良、能给人启发的书。它不仅说明了为什么自我革新是企业长盛不衰的关键，还为企业领导者提供了实用性很强的工具与方法。

——乔治·凯尔（Georg Kell），Arabesque 公司董事会主席，联合国全球契约组织创始人

这本书提供了丰富的见解，出现得非常及时。全球疫情已经永久地改变了人们的许多工作习惯，管理与领导力的边界也日渐模糊，在这样的背景下，想象力的确会成为企业中越来越不可或缺的一种资源。

——马尔科·阿尔维拉（Marco Alverà），Snam 公司首席执行官

马丁·里维斯又一次做到了。他与杰克·富勒通过兼具实操性与启发性的《制造想法》一书，为商业领袖绘制出未来的图景——如何在企业内部点燃想象力。这本书兼具实操性与启发性，要想让我们的公司在后疫情时代繁荣兴旺，我们有必要马上把书中这些强有力的理念用起来。

——吉姆·洛里（Jim Loree），史丹利百得公司首席执行官

这是一本引人入胜的书，它给出了非常实用的指导，告诉我们应如何充分利用想象力去提出与实施具有变革意义的想法，这是风云变幻的时代我们急需的能力。

——苏珊·哈卡赖宁（Susan Hakkarainen），路创电子公司董事会主席兼首席执行官

对任何一位真心希望能够在业界引领创新能力的领导者来说，这本书都应当在你的书架上占有一席之地。

——约翰·哈利（John Haley），韦莱韬悦公司首席执行官

创意解决方案的提出，既需要企业提供一种能够触发员工想象力的机制，还需要一种体系，把员工的想法转化为切实可行的项目。这本书提醒我们，在工作场所推动创造力是件十分重要的事。

——峰岸真澄（Masumi Minegishi），瑞可利集团董事会主席、前任首席执行官

在一个动荡不定，充满不确定性、复杂性与模糊性的时代中，尤其是在新冠肺炎疫情的肆虐下，开拓创新、保持创新能力对任何一个领域中的组织机构来说都极具挑战性，包括非营利性组织。这本书借鉴多学科领域的知识，指出想象力处在创新的上游，还清楚地说明了管理与刺激想象力的"六步走"方法论，为我们提供了一系列强有力的工具，帮助各个组织机构将"想象力机器"开动起来。

——徐永光，希望工程发起人，南都公益基金会名誉理事长

目录

第一章　引言 / 001

第二章　什么是想象力？/ 013

想象力的力量　014

想象力的根基　019

想象力如何发挥作用？　025

第三章　诱因 / 037

什么激发了想象力？　041

如何增强灵感？　045

什么阻碍了灵感？　065

推荐游戏　068

值得一问的好问题　071

组织机构诊断　071

第四章　想 法 / 073

什么是思维模型？　078

如何重新构建思维模型？　082

是什么阻碍了重新思考？　113

推荐游戏　115

值得一问的好问题　119

组织机构诊断　119

第五章　碰 撞 / 121

我们为什么需要行动？　128

行动是如何促进想象力的？　133

是什么阻碍了行动？　157

推荐游戏　160

值得一问的好问题　163

组织机构诊断　163

第六章　传 播 / 165

主体间性的问题　170

如何实现集体想象？　172

阻碍集体想象的因素　205

推荐游戏　207

值得一问的好问题　210

组织机构诊断　210

第七章　新常态 / 213

重塑现实的挑战　219

如何编写可升级的脚本？　221

阻碍脚本升级的因素　245

推荐游戏　251

值得一问的好问题　254

组织机构诊断　254

第八章　想象的再现 / 257

什么是思维的双重性？　263

如何保持想象力？　265

阻碍保持想象力的因素　286

推荐游戏　290

值得一问的好问题　293

组织机构诊断　293

第九章　人工智能有想象力吗？ / 295

我们是否会被取代？　298

人工智能可以帮我们进行想象吗？　306

人工智能能够教给我们什么？　316

第十章　重燃想象力 / 325

等待危机或引爆危机　328

深入世界　332

树立理想　335

鼓励思考　336

塑造新型的英雄　338

为大胆的举措松绑　339

注释 / 343

第一章

引言

企业的出现深刻地改变了世界的方方面面：医疗、消费品、运输、金融、农业、娱乐、通信，不一而足。企业之所以能做到这一点，是因为它们在组织能力的基础上融合了人类独有的想象能力，即拥有看到并创造出本不存在的事物的能力。

　　早在 16 世纪，谁能想到人类可以制造出这么多双鞋子并把它们销往世界各地？谁能想到剧本创作与戏剧表演会演化成影视行业，让影视演员获得像古罗马贵族一样的社会地位？谁能想到一小部分人加一部分机器就能够将面积不亚于一个小型国家的农场运作起来？我们如果从未想象过，就不会采取行动一步步将过去不可想象的事物变成现实。

　　如今的我们比以往任何时候都更需要想象力。随着科技水平与商业环境的快速变化，公司的竞争优势所能持续的时间越来越短，许多公司经常面临发展陷入停滞的风险。自 20 世纪 60 年代以来，跌出《财富》世界 500 强的公司平均每年增加 36%，领军企业能位居榜首 5 年以上的行业比例几乎减少了一半。企业表现从优异到平庸的下降速度越来越快（参见图 1-1）。[1]

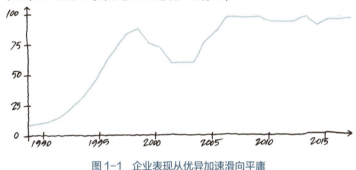

图1-1 企业表现从优异加速滑向平庸

数据来源：标普 S&P Capital IQ；波士顿咨询公司亨德森智库（BCG Henderson Institute）分析

　　在人口结构趋于成熟的情况下，企业还面临市场增速不断下降的局面。自 20 世纪 70 年代以来，全球 GDP（国内生产总值）增速从 5.5% 下降到 3.3%，并且在过去 10 年中，全球 GDP 增速的预期不断走低（参见图 1-2）。

图1-2 全球经济增长预测下行

预测数据来自国际货币基金组织每年秋季发布的《世界经济展望》报告，
2020 年的预测数据受新冠肺炎疫情影响未能展示。数据来源：《安于平凡
不当时》，2019 年 7 月 22 日，作者：汉斯－保罗·博克纳（Hans-Paul
Bürkner）、马丁·里维斯、昂·洛唐（Hen Lotan）、凯文·惠特克（Kevin
Whitaker）。数据经波士顿咨询公司的研究机构 BCG 亨德森智库许可后引用，
版权保留

　　当一切都处于增长状态时，人们很难看到想象、探索与试验
的必要性。各个公司顺势而起，水涨船高。人们有更多的钱来购
买更多的产品，人口的增长也意味着会有更多的人参与消费。但
假如你身处欧洲，一个增长率在 20 世纪 70 年代为 5.5%，如今
只有 2% 的地方，你就需要有一些好的想法了。想要随大流获得
增长变得越发困难，因此必须通过想象力来创造增长的动力。

　　而且，创新需要比以往更加频繁。公司需要一遍又一遍地对
自己与自己的产品进行革新。一个既满足人们需求又能赚钱的绝
佳商业模式有可能很快会流于平庸，甚至成为负累，因为昨天的

有利条件与运作流程会成为惰性的源泉。

谁能想到有一天所有人都买得起成套的铠甲呢！

如今的企业起初都是在想象力的指引下，凭借无所畏惧的劲头与开创进取的精神走到现在的。在如今的规模已与过去不可同日而语的企业中，保留与重获这样的能力是公司永葆活力、不断铸就成功的基石。

与此同时，当今世界还面临着一系列错综复杂的共性问题：

- 流行病
- 气候变化
- 不平等
- 民粹主义与社会两极化
- 淡水短缺
- 精神健康问题
- 认知超载
- 其他

任何企业都无法独立于自身所处的社会体系与环境，以自成一体的方式运作。正如我们在新冠肺炎疫情危机中所见，很多看起来企业早已无须担忧的问题突然之间对企业的正常运转能力造成了破坏。前文所列的问题能够影响全人类与我们的组织。想要解决这些问题，我们需要借助自身的想象能力，而企业在这个过程中可以扮演核心的角色。

顺便提一点，有趣的是，我们的许多麻烦或多或少都可以归咎于想象力本身。《人类简史》的作者，历史学家尤瓦尔·诺亚·赫拉利（Yuval Noah Harari）指出，自从有了农业，人类一直在通过想象力解决问题，但新的想象往往为新问题的出现埋下了伏笔。[2] 我们弄清楚了应如何种植小麦，并发明了储存小麦的方法，但随后小麦便引来了食腐动物与它们的天敌，于是我们发明了筑墙与防御工事，但此后定居地的出现又促进了传染病的扩散，诸如此类。

15000 年前，谁能知道想象力会带来多少麻烦？

图片来源：Philippe Psaila

任何充满想象力的解决方案必然会进一步带来预料之外的问题。但除了承认这是物种层面的讽刺，我们对此无能为力。我们应寻求能够驾驭这种独特能力的方法，让想象力在下一次发挥出卓有成效的作用。

最后，尽管人工智能仍然处在发展阶段，但它的变革能力已经显而易见。与此前的技术浪潮不同，人工智能的威胁在于它取代的不是常规的体力劳动，而是常规的认知劳动，即多数情况下我们称为"管理"的工作。这就带来一个问题：人类还能做什么？答案是，留给我们的将会是那些依然只有人类才具备的独特技能。未来的竞争优势将会属于那些能够把重心转移到这些技能上，通过充分挖掘人类的想象力与高等认知能力寻求发展的公司，低级的分析与决策将越来越多地成为自动化的工作。

正如蒸汽、钢铁、电力以及内燃机出现后的每一次变革，我们只有在摸索出与这些技术匹配的工作方式之后，才能最大程度地享受到技术带来的福利。电动机发明之后，我们是在重新整改工厂后才从这项技术中获益的。[3]由于人工智能是一种认知技术，如果要享受它带来的好处，我们就必须要重新思考商业中与认知相关的部分。我们需要建立一种公司，它能够充分培养与利用员工最具价值的人类智力潜能，并与智能算法配合完成工作。

在围绕人员的聘用、升职以及一些其他任务所需要的技能评估之外，认知范畴的工作从来不是企业关注的重点。从历史上来看，不去过多关注人们想些什么并不会对工业生产的过程产生影响，因为这个过程只需要人们遵守岗位规定。这个关注重点至今

这是唯一一件我们还没有交给人工智能来做的事——给它们插上电源。

依然未变。相比于其他领域，比如说心理治疗行业或优秀的体育团队，商界人士首要关注的是外部因素，他们较少在意人们的思维潜能与其中的细微差别。

我们通常认为商业就是对外部世界的管理，但人的大脑中发生了些什么呢？

图片来源：捷星航空公司（jetstar.com）

然而人工智能的崛起将有可能把人类的工作重点向更高阶的能力进行转移。企业需要更懂得、更善于从人类大脑独特的思维过程中提取价值。做个类比，现代企业把巨大的野心与能力用在了攻克极其艰巨的任务上，比如从数公里深的海底或从岩层的有机质中提取石油。我们需要用同等严肃的态度，即以百倍于前人的效率做事的渴望，去培养与发掘人类的想象力。在石油开采初期，人们只需要到处挖一挖就有机会开采出油矿。这大抵也是我们如今在想象力开发上所处的阶段。

早期的石油开采——这就是我们的想象力开发目前所处的复杂程度。

图片来源：乔治·林哈特（George Rinhart）摄，科比斯历史影像，盖蒂图片社

除了改变我们在企业内的工作方式，人工智能的出现为全新的服务形式与彻底的商业模式变革创造了可能，让我们得以进一步颠覆行业，填补此前需求的空白。随着人工智能的出现，我们将重新思考应如何开发能源、建设基础设施、保卫国家、管理与促进健康、对自己进行终身教育、进行储蓄与投资、加强沟通、了解自己、寻找乐趣。能够有效地培养与运用想象力的公司将会在这些充满可能性的领域中成为先头部队，找到突破性的新产品，为自己创造增长的动力。

为了恢复公司的活力，也为了让我们的公司更好地服务于社会，我们必须更好地驾驭想象力。要想通过新方法的开拓与实践去满足集体与个人的需求，公司必须充分发掘员工身上所蕴含的人文特质，而获得的回报将是公司的持续发展。

我也不知道是哪一颗——他只说了
跟随一颗星……

．．．

本书讲述的是应当如何充分运用想象力这种人类独有的能力。之前，我们曾就此主题写过相关内容，当时主要面向的是有志于在自己的组织中重新激发与捕捉想象力的商界领袖。我们写本书的原因，一方面在于许多成熟的公司在日渐疲软的创造力面前备感沮丧，另一方面在于我们不仅渴望能够把过度金融化、流程化的公司体系重新变得人性化，还希望能够把人类的想象力置于集体企业的核心地位。

尽管我们在理解想象力方面还有很长的路要走，但我们确实从认知科学与人文科学中获得了重要的启示。本书旨在将我们所掌握的有关想象力的最佳知识用从业者的大脑进行筛选，也就是根据我们的自身经验与对商业领袖的采访提供一份从业者指南，来指导如何组建和运行一个想象力机器——一个能够系统地利用想象力来推动自身发展的公司。

我们在书中使用了"机器"一词，因为想象力是一种工具，而公司是服务于人类需求的工具。尽管想象力有些难于掌控，但这并不能说明我们无法找到一种更加系统的方式去培养与使用它，就像商业在广告、人力资源等以人类思维的独特性质为基础的领域中已经有所建树一样。此外，"机器"这个词可能会让人们联想到 20 世纪的工厂，但现代机器已经变得越发灵活与智能。一个担得起"想象力机器"这个称号的公司，将是一个有能力持续重塑自己、不断为世界提供创新产品与服务的公司。

本书关乎思维，但又不完全局限于此。要想充分利用想象力，需要处理思维、行动以及这些因素之间的相互关系。它不仅有关于个人的创造力，还与各种想法的碰撞、集体想象力的激发，以及将想法落地的能力有关。而且本书讲的不完全是产品的创新，它面向的是那些希望重新构想整个公司并提升公司想象力潜能的商业领袖。我们会着眼于一个理念从灵感变为新现实的整个生命周期，会研究企业应如何转变才能捕捉到想象力，还会探索人工智能如何与组织机构进行融合才能帮助企业在想象力方面取得更大的成果。

我们的旅程将从理解这个十分熟悉却又未能准确定义的能力开始：什么是想象力？它的作用机制是什么，又是如何运用在工作中的？我们将在下一章探索这些问题。

第二章

什么是想象力？

要想利用好想象力，我们首先需要了解它：要定义它，确定它能为我们做什么，并了解它的作用机制。

想象力的力量

通过比较人类与其他动物，我们得以清楚地看到想象力是什么么。动物，比如说一头牛或一条鱼，它们生活在现存的世界中。一条金鱼只懂得与它面前的事物发生关系，而不会反思自己的处境，也不会对此有任何立场。[1]金鱼无法在大脑中构建出一个不同的、更好的鱼缸，去满足它繁衍生息的愿望。

相反，人类可以探索出非现存的世界。采集-狩猎时代的人可以构建一种思维模型，思考更好的篮子是什么模样、第二天的狩猎会是什么情形。在商业活动中，我们可以构想如果公司做出结构调整，或者如果我们能够发明出新产品或新服务，公司会变成什么样子。这种在大脑中探索现实中还不存在的事物的能力，能够让我们有目的地去创造新事物，改变我们所处的世界。

我们把想象力定义为"能够对现实中并不存在的事物进行思维模型创建的能力"。人们也把它称为"反事实思维"，即一种能够在脑中创造出可以反映外部世界以外的事物的能力。[①]

在商业活动中，我们的大多数时间都花在了现存世界中的事物上。我们基于事实思考，根据数据或某种特定情形来判断事物的走向。这完全说得通。管理企业需要持续性地投入多方面的精力，许多大型企业的规模已经超过了人类历史进程中的大多数城市。比如说拥有220万名员工的沃尔玛，它的员工人数达到了古巴比伦这座伟大城市人口数量的10倍。因此，大多数时候，我们的大脑都被用在维持企业机器的运转上，这是完全可以理解的。

不过，有一些时候，我们需要去探索并不存在却有可能出现的事物。比如在类似新冠肺炎疫情这样的危机时期，我们往往会沉溺于"到底发生了什么"这样的事实性问题，无暇考虑"我们

---

① "创造力"（creativity）一词源自"创造"（create），它是一个概括词，意为把某事变为现实的能力。"创新"（innovation）同样也是一个概括词，意为创造一些全新的事物。相比而言，"想象力"一词指的是发生在人脑中的一种具体的思维过程：把世间还不存在的某些事物的各种思维模型结合在一起。想象力——发生在大脑中或不同大脑间的思维活动——是公司中各种创新与创意项目中最核心的人为因素。但想象力发挥作用的地方不只囿于某个创新项目：它不只是用来发明新产品或新服务的；当人们对公司赖以生存的思维模型进行根本性的重新思考，甚至是在重新思考整个行业或设想全新的行业之时，同样需要想象力的作用。

萨卡纳基·巴比利——战士们已经在攻打
外省的人力资源都了！

怎样才能给自己提供新的选择"这种能够激发人的想象力的反事
实问题。

当我们进行反事实思考时，我们会把习以为常的思维模型抛
到一边，开创新的思维模型。举个例子，当今世界最大的家电制
造商海尔曾在 20 世纪 80 年代完全颠覆了自己。当时这家公司深
陷危机：工厂减产，债务缠身。新上任的董事长张瑞敏决定公司
必须向前迈一步，不再制造那些勉强说得过去但乏善可陈的冰箱。
他从生产线上撤下 76 台冰箱，尽管它们的瑕疵极其微小，他依
然让员工把它们砸得稀烂。[2] 这是一个从事实性思考到反事实思
考转变的典型行为——我们如果摒弃现有的体系，能做些什么？
如果没有想象力，那么你所做的不过是毁掉了现实。例如，一头
牛无法理解推平一个用处不大的谷仓意义何在，但这却有可能促

砸掉的冰箱数量

周一 周二 周三 周四 周五

领导，本周生产率有所提高……

使一个具有想象力的人类开始在脑中构建现实中还不存在的事物模型。

想象力的进化

想象力是如何进化而来的？它似乎是作为一种解决新问题的工具发展而来的：我们应当如此处理营地边上烧起的火？在这种地形下，我们如何才能更好地合作捕猎？如果我用这种方式对待某个人的古怪朋友，对方会有何反应？

走在想象力进化前端的似乎是对情景进行定义与分类的能力。黑猩猩就有这样的技能：它们能学习对应某些情景的抽象符号，在希望多要一根香蕉或给屋子加热的时候，它们会指向这些符号。[a]不过黑猩猩并不擅长将这些符号重新排列构成新的符号组合。一只黑猩猩不大可能通过重新排列符号来询问香蕉能否被加热。与之相比，人类的孩子本能地懂得把新概念套用在任何事物上。如果一个小孩发现了烹饪的概念，他可能会问葡萄可不可以烹煮、果汁可不可以烹煮、书本可不可以烹煮等。如果小孩了解到悲伤的概念，他们可能会问：小狗会悲伤吗？钟表会悲伤吗？或者会认为太阳在夜晚也会悲伤。

不，别傻了！大山是无法加热的！

在想象力的进化过程中，一个至关重要的进展是出现了一种把世界切成更为离散的部分并掌握这些部分之间相互关系的能力。人类可以把加热这个概念抽离出来并应用到许多事物上，而不只是囿于加热房间这个固定的想法。正如进化生物学家伊娃·雅布隆卡（Eva Jablonka）与马里恩·兰姆（Marion Lamb）所述，这种灵活性体现在我们的语言中："语言单元与词汇在不同场合下可以进行自由组合……而不必局限于指代一种特定的情景。"[b]

这种将概念进行分离与分析的能力，使得人类可以将一个领域的想法带到另一个可以进行类比的领域中，为前所未见的情境提供思维模型，或许也就是自此，人类得以为未曾存在的事物与情景在脑中构建出模型。[c]此后便出现了新的概念、工具、社会组织模式以及领地的扩张。

想象力的进化依然是科学界一个热门的话题。不过我们或许可以得出一个暂时的结论：与语言相互支撑、相互促进的分析能力——观察世界的能力、对世界进行概念拆分的能力，以及在不同部分之间构建新关系的能力——激发了想象力。概念拆分和明晰可能是想象思维的先决条件，而非对立因素。分析支撑了合成。当我们对部分有了深刻的理解时，将部分重组为新的整体就变得更加容易了。

注释

a. Eva Jablonka and Marion J. Lamb, *Evolution in Four Dimensions: Genetic, Epigenetic, Behavioral, and Symbolic Variation in the History of Life* (Life and Mind: Philosophical Issues in Biology and Psychology) (Cambridge, MA: MIT Press, 2005).

b. Jablonka and Lamb, *Evolution in Four Dimensions*.

c. Clive Gamble, *Settling the Earth: The Archaeology of Deep Human History* (New York: Cambridge University Press, 2013).

想象力的根基

想象力并不是脱离于现实的一些随机想法。相反，它以人们对现实中因果关系的理解为依托（参见"人类与人工智能"模块内容）。基于我们对世界运转方式的理解，即事物以其方式存在的原因，我们可以在保持合理性与可行性的基础上设想如何将各种事物进行重组与改变。

我们可以把想象力与人脑中其他或多或少与现实挂钩的功能进行比较（参见图 2-1）。距离想象力最远的莫过于单纯的存在状态。植物的生命就是这样。它没有自我意识，直接受所处环境的支配，也没有大脑助其脱离现状。

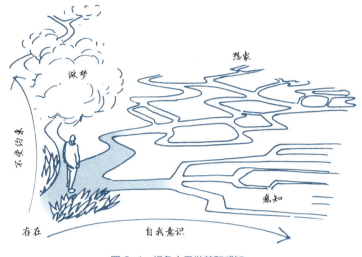

图 2-1　想象之于做梦和感知

　　而人类大脑的功能所开辟的可能性完全超越了类植物的状态。其中一种功能是进行有意识的感知，这是对外部世界有意识地进行认知的一种大脑运作模式。这种感知受外部世界所限，对想要精准描绘这个世界图景的人来说，这一点非常有用。与感知完全相反的是做梦，这是大脑无意识的一种运作模式，不受外部世界的约束；或者说，睡觉的时候，我们将时间花在内心世界中的各种场景、记忆与象征性符号上。

　　介于感知与做梦之间的就是想象。它是一种受一定程度约束的有意识的思考模式。想象放松了与现实的关联，让我们得以把玩各种可能性，而不必试图去真实地反映我们的外部世界。但它又没有完全切断与现实的联系。有效的想象力能够与自然规律以及其他我们所了解的世界运转方式相适应，例如对人性的洞察、从企业运营的实践中获得的智慧，以及从历史中吸取的教训。在想象的过程中，我们改变了现实的某些部分，同时依然立足于我们所认知的现实中的其余部分。

我们可能会幻想有会飞的长颈鹿，或是有连通星际的管道，能把地球上的海水注入火星，但这些想法不免荒诞，因为它们脱离了世界的运转机制。相反，想象力以我们深厚的事实性思维模型为依托，是我们进行反事实思考的根基。举例来说，商业活动中，我们会提出这样的反事实问题："办公用品公司应该是什么样的？"然后，我们可以借鉴在其他行业、历史、心理以及科技上的思维模型，想象出一些不同凡响的精彩答案。

想象力能为我们做些什么？我们可以从图 2-2 获悉一二。图 2-2 左侧的两个框表示的是事实性范畴的事物，分别代表必然事物与偶然事物。必然事物指的是这个世界所表现出的特征，比如重力的存在、事物的不确定性以及人性中永恒的一面。偶然事物

指的是可变的事物，比如法律法规、行为守则，又比如城市里的汽车数量、客户需求的模式、衡量利润的方式、人力资源的作用等。

图 2-2 右侧的两个框表示的是反事实范畴的事物：其中一个框表示不可能出现的事物，例如超光速旅行、读心术机器或宠物恐龙（不过有些看上去完全不可能发生的事物最后有可能成为现实）；另一个框表示想象中可能出现的事物。右上角代表可能性的区域是商业领域应当感兴趣的部分。

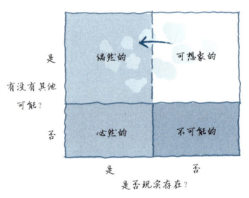

图 2-2　探索与开发可能性的空间

想象力让我们得以对充满可能性的领域——反事实范畴的事物——进行探索，这种体验就好比在未曾开发的土地上寸寸掘进。它允许我们发起探索，也总不会让我们无功而返：最初的反事实想法有可能最终改变整个商业面貌。所谓想象力的驾驭之术，指的是一个公司能够游刃有余地调动集体的智慧做到这件事：不断探索，把虚幻世界中的事物带到现实中来。

人类与人工智能

计算机做不到反事实思考，至少目前还不行。要想了解其中的原因，我们可以比较一下人类与人工智能的认知过程。正如计算机科学家、哲学家朱迪亚·珀尔（Judea Pearl）所述，目前几乎所有的人工智能都依赖于一种基本的认知形式：识别关联性。[a] 举例来说，计算机可以识别出火与烟同时发生，或是识别出亚马逊的用户中，喜欢影片《第一滴血 5：最后的血》的人也喜欢《速度与激情 7》。

但是人类的思考能力超出了简单地识别关联性。我们能够理解因果关系。我们能够解释现象之间的联系，比如火为什么会导致烟的产生，以及喜欢《第一滴血》的人为什么会喜欢《速度与激情》。了解因果关系说明我们并非仅能关注到世间哪些事物会同时发生，而且能够领会到什么样的底层作用机制导致了事物之间产生相互关系。借助心理学，我们能够猜出人们喜欢《第一滴血》与《速度与激情》是因为他们想看英雄故事，或许是因为他们觉得生活中缺乏英雄故事。而人工智能恐怕只能告诉你这两部电影有可能会同时出现在网购行为中。

人类的思维中充满了世间万物因果关系的模型，因此我们能够以更高阶的方式，即通过想象力或反事实思考来看待一件事。当我们进行反事实思考时，我们以自己对世间因果关系的理解为基础，同时对我们理解中的某些部分或某些关系进行调整。正如心理学家卡伦·沃克（Caren Walker）与艾莉森·高普尼克（Alison Gopnik）所述：

> 传统观念中，人们认为知识与想象、科学与幻想是完全不同的概念，甚至是相反的。然而关于儿童因果思维的新理念认为，恰恰是那些帮助儿童广泛地认识世界、强有力地分析与理解世界，以

及用行动改变世界的能力，让他们想象出未曾存在的其他世界。这是因为我们对事物间的因果联系有所了解，因此能够想象出如何去改变这些关系，并创造出全新的关系。[b]

此处要对认知的三个层次进行解释。人工智能可以识别事物的相关性（此为第一层），例如它可以发现 60% 购买咖啡的人同时会购买面包圈。然而，它并不能说明此中存在的因果关系（此为第二层）：大多数人到底是在买咖啡的同时顺便买一个面包圈，还是买面包圈的同时顺便买一杯咖啡呢？一旦你明白其中的因果关系，你就可以对一个反事实问题做出有依据的猜测（此为第三层）：如果停止售卖面包圈会是什么情形？

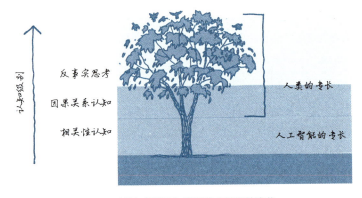

认知级别从相关性认知到反事实思考的变化。

来源：改编自朱迪亚·珀尔与达纳·麦肯齐（Dana Mackenzie）合著作品《为什么：关于因果关系的新科学》（纽约：巴西克出版社，2018）

进一步深入反事实领域之后，你可以通过对事物间因果关系的理解在脑中构建一个全新的"咖啡忠诚度"计划，或者你也可以对食品与饮品的未来进行想象。在 1893 年的世界博览会上，美国的一名妇女参政论者玛丽·伊丽莎白·利兹（Mary Elizabeth Lease）想象过这样的景象：到 1993 年时，人们应该只吃合成食物，女性将得以从厨房中解放出来。[c]尽管这样的场景并没有完全实现，但它却体现出了人类想象力所能触及的范围。计算机无法创造出此类看起来有些许合理性的场景，因为它缺少事物间的因果模型。对于世间还不存在的事物，计算机没有数据可参考。没有因果模型，如今的人工智能就无法去探索事物的可能性。

注释

a. Judea Pearl and Dana Mackenzie, *The Book of Why* (New York: Basic Books, 2018).

b. Caren Walker and Alison Gopnik, "Causality and Imagination," *The Development of Imagination*, ed. M. Taylor (New York: Oxford University Press, 2013).

c. Matt Novak, "Meal-in-a-Pill: A Staple of Science Fiction," BBC, November 18, 2014, https://www.bbc.com/future/article/20120221-food-pills-a-staple-of-sci-fi.

- -

想象力如何发挥作用？

要想在商业活动中充分发挥想象力的作用，我们需要将这种能力进行解构，观察它的作用机制，而且我们不仅要在个人层面进行剖析，还要放在公司层面进行分析：想象力在人们的脑中以及人与人之间是如何发挥作用的？想象力与行动是如何相互作用的？接下来让我们看一看一个想法从灵光乍现到成为新现实经历了怎样的生命周期。

诱因

一个关于大脑运作原理的重要理论，即贝叶斯理论认为，人类的大脑是在接收到意料之外的新信息后进行自我更新的。意外是想象力的开端：它是一种能够引导我们脱离熟悉的思维方式去思考问题的事件。

我们可以从神经元细胞的层面来认识意外。意外是"能够产生影响的一种变化"。[3] 如果一个细胞没有接收到意外的信息输入，就没有什么信息可反馈。假使它与其他神经元细胞相遇并一起聊天，它恐怕会是那个无趣的家伙，谈及自己的一天时只会说"还是老样子"。另一个神经元细胞可能碰到过一些不同寻常的事，它可能会告诉其他细胞："说真的，我今天碰到了件奇怪的事，让我来跟你们讲一讲。"这个细胞遇到了一些变化，或者说反常之事，而这种变化作用于遇到它的主体（神经元细胞），进而产生了影响，而这种影响会进一步影响其他主体（其他神经元细胞以及通过沟通触达的其他大脑）。

如果你的大脑从未碰到过任何与现存的思维模型不同的事物，它就永远不会产生改变思维模型的理由。与意外的接触，或者说碰到一些格格不入之事，是想象力发生的起点。我们会在第三章探讨如何在商业活动中增加接触意外事物的机会。

想法

与意外不期而遇之后，大脑可能会做出一些不同的反应。神经科学家卡尔·弗里斯顿（Karl Friston）将这些反应归为五类（参见图 2-3）。[4] 第一类是"重新思考"，即通过改变、重构或把玩我们大脑中既有的思维模型，生成新的想法。[①] 我们将在第四章深入分析如何能够有效地进行重新思考。

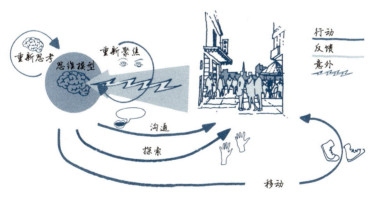

图 2-3　由意外触发的个人层面的行为

---

① "想法"（idea）、"概念"（concept）与"思维模型"（mental model）这几个术语可以互换，比如"我们对于新业务的想法是……""我们对于媒体公司的概念是……"。在本书中，我们所用的这几个词语都可以互换。"思维模型"这个说法的用处在于，它强调了思维主体是由一些可以移除、修改以及重组的部件构成的。

乐高集团的发展充分印证了重新思考在商业活动中的意义。20 世纪初，乐高还是一家木工公司，此前它把业务扩展到了诸如悠悠球一类的木制玩具制作上。后来，一次偶然的际遇激发了灵感，让公司走上了彻底的转型思考之路。乐高集团执行主席及前 CEO 约恩·克努德斯托普（Jørgen Vig Knudstorp）是这样给我们讲述的：

> 1946 年，公司创始人奥莱·柯克·克里斯蒂安森（Ole Kirk Christiansen）参加一个商品展销会时，注意到了一个注塑机——精密塑料注模当时还是一项新技术，在二战期间得以发扬光大。这台设备完全改变了他对未来可能性的想象。他当时琢磨："哇，这太不可思议了。这种全新的塑件成形工艺可以用来做些什么呢？如果我们将全部业务围绕这样的设备来做，我们的公司会是什么样？"[5]

碰撞

当一个想法或思维模型在脑中成形后，我们能够做些什么？大脑可以有很多选择，在这个思维模型与现实世界间建立起连接。

我们可以"重新聚焦"，基于新出现的想法转变我们筛选信息的关注重点，由此获得新的意外刺激，并进行重新思考。我们可以在这个世界中"移动"：把不断完善中的思维模型与不同的地理与社会环境进行碰撞。我们还可以"探索"这个世界，通过尝试获得反馈，并通过这样的反馈不断完善脑中的反事实思维模型。在乐高集团重构想象力的过程中：

> 创始人用公司一整年的利润买来了一台注塑机，就是为了用来尝试，换句话说，其实是为了方便他随意摆弄。当时的人们不大重视塑料玩具，但他开始试着用塑料制作泰迪熊、飞机、小树、小汽车等各种小玩具。受在美国马歇尔计划援助下出现的拖拉机的启发，他用塑料部件组装了一套麦赛福格森拖拉机。他切实做到了让想象力引领自己进入全新的产品领域，同时重新定义了公司的未来。[6]

通过把不断演化中的想法与现实世界进行碰撞，我们在此过程中丰富自己的想象力。随着想法从我们的大脑传导到现实世界，再从现实世界中获得反馈，我们的思维模型不断得到完善。我们将在第五章探讨应如何对这一过程提供支持并将其强化。

传播

当我们的思维模型受到意外信息的干扰之后，大脑会做的另一件事就是"沟通"。与其他动物不同，我们可以把想法传播开来：一个想法可以从一个大脑传到另一个大脑，并把整个商业领域里出现的想象力串联起来，进一步加速这个想法的完善与应用（参见图2-4）。

图2-4展示的是图2-3所示的内容扩展到多个大脑时的情

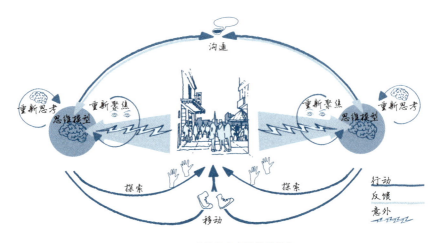

图 2-4 跨越多个大脑的想象力

形，即想法在多个大脑间传播时，是沟通把各个大脑的想法连接在了一起。当我们就大脑中某个还不成熟的想法进行交流时，我们的目的是成为那个能够激发他人想象力的意外，即成为那个能够搅乱别人的思维或激发对方灵感的信息输入。这种情形一旦出现，就会激发出集体想象力，使得这个想法在调动社会力量的过程中得到放大；与此同时，由于其他人也参与到了这个想法的尝试、培育与应用中，整个想法的演变进程被大大提速了。我们将在第六章研究各个组织机构应如何为这个过程创造条件。

集体想象力在乐高业务的核心思维模型形成过程中发挥了至关重要的作用，正如克努德斯托普所述：

创始人之子戈德弗雷德（Godtfred）逐渐参与到公司业务中来。在一次乘船旅行中，他与一个来自哥本哈根的玩具买家有过一次关键的对话。这位买家谈到一个玩具体系的想法，也就是让每一个新的玩具可以搭建在之前的玩具上。两人就这个想法做了探讨，之后戈德弗雷德把这个想法带回来告诉了自己的父亲与其他人。经过几周的时间，他们把这个想法整理成了公司的一种理念框架，提出了"乐高玩乐体系"（LEGO System in Play）的概念，并把它分享给每一名员工。[7]

这是一个想法得到社会化演化的绝佳例证。一个思维模型在一次谈话中得到传播，在后续的探讨中得到完善，并最终传达至所有的乐高员工，把企业送到了全新的发展轨道上。

新常态

如果一个新的思维模型无法转化成新的事实，那么它的形成与传播便会失去意义。我们的目标是使一个始于意外的新想法最终变得不足为奇，也就是让它归于平常，成为人们习以为常的一部分现实。

要做到这一点，关键在于编码的艺术，也就是说我们需要把一个新事物编写成易于实现与复制的脚本，让远远落后于先行者的人也能将这样的新鲜事变成现实。我们将在第七章探讨实现这一点的方法。对乐高产品来说，一个重要的要求就是能够把客户带到这个玩具制造商所创造的世界中来。事实上，乐高集团在编写引人入胜的脚本、吸引人们走进乐高世界这一点上已经成为专家。在我们对克努德斯托普的采访中，他告诉我们：

> 这是一种全球通用、易于理解的语言，因为产品的设计非常直观，人人都能明白乐高积木的玩法。但还有另外一点实际上非常重要，那就是设计出无文本的搭建说明。事实上，令人惊讶的一点是搭建说明其实超级难以复制。当然你可以复印，但懂得如何编写精妙的搭建说明却是一个极大的竞争优势。我们有一个庞大的专业团队，非常了解下到 7 岁、上到 50 岁的人的思维。我们的团队懂得要想让这些人参与到乐高世界中来，需要帮他们掌握什么样的信息。

想象的再现

在把一个想法从反事实范畴转移至现实范畴的过程中，我们创造出了新的政策、流程与专门的角色。然而这些元素却削弱了我们获得意外的能力。随着自身的发展，企业面临的一个挑战在于如何能够做到两手都硬：一方面，要充分开发已有的理念与想法，物尽其用；另一方面，要能够不断开拓新想法，让想象力反复发挥作用。一个能把这两点都做好的企业可以被称为一个"想象力机器"，即能够持续通过驾驭想象力找到新的发展途径，并在此过程中不断改变自己、获得增长。我们将在第八章对这样的挑战进行探索。

关于想象力的误解

一些常见的误解会对人们理解想象力的概念以及想象力的作用机制造成干扰。为了避免被误导，你有必要对以下内容做个了解。

关于想象力，一些最常见的谬误如下：

- **想象只限于精神活动**——这种观点忽略了它与现实世界的相互作用，正是现实世界推动了卓有成效的想象性思维，并为想象思维提供了事实根基。

- **想象只是个人的事情**——这种观点把一切归为了个人英雄主义，忘记了集体性想象力的存在，也忘记了未经散播的想法并无用处。

- **想象是不切实际的**——这种观点把想象视同做梦，而没有把它当成人们基于对世界的分析理解所进行的反事实思考。

- **想象是暂时的**——这种观点认为并希望想象是一种稍纵即逝的现象，而不是通过仔细的思维构建且反复与现实世界进行碰撞才出现的。

- **想象是神秘的**——这种观点认为人们无法对想象力进行系统性的管理，认为它不同于企业试图驾驭的人性中其他不可预测的方面。

大多数类似观点可以追溯至发生在 18 世纪欧洲的一次文化变革，即浪漫主义运动。当时，许多知识分子开始重新思考一名艺术工作者的定位。在此之前，社会上的主流思潮还是从亚里士多德起经由经院哲学直至文艺复兴时期发展而来的古典主义，它主张艺术工作者应当掌握一种技能，明确一个目标或理想，并且继承原有的艺术并在此基础之上进行创作与完善——这是一种系统性、集体性的实践活动。[a] 这种古典哲学的一个例证就是各种教堂的建造，它体现了一个理想在广阔的人群中所能动员的集体智慧与创造力，它所创造的成果无法归功于任何一个参与其中的个人。[b]

与此不同的是，许多颇具影响力的思想家，比如约翰·格奥尔格·哈曼（Johann Georg Hamann）、德尼·狄德罗（Denis Diderot）、让-雅克·卢梭（Jean-Jacques Rousseau）等，他们倡导一种新的浪漫主义观念，即有一些天选之人，或者说天才，与更高级的力量有一种神秘的思想连接，这能够让他们以常人无法理解的方式获得那些伟大的、有违传统思想的理念。就像历史学家以赛亚·伯林（Isaiah Berlin）所总结的："（浪漫主义者）认为自由、自决、自然的状态与创造力均来自超然于世的自我，这样的自我存在于先验世界之外，人们只有在比较鲜见的时刻，即神奇地飞身脱离现实世界中的肉体凡胎之时，才能与之建立联系。"[c]

在本书中，我们将试图消除关于想象力的那些具有浪漫主义色彩

的谬误，同时，我们将致力于跟随亚里士多德的脚步，清晰地指明构成系统性、集体性实践活动的因素，并在此基础上强化并充分利用想象力。

注释

a. Jack Fuller, "An Investigation of the Discussion of Civilization" (thesis, Oxford University, 2012).

b. Paul Spencer Wood, "The Opposition to Neo-Classicism in England between 1660 and 1700," *PMLA* 43, no. 1 (1928): 182–197.

c. Isaiah Berlin, "Three Turning-Points in Political Thought," *Isaiah Berlin Virtual Library*, n.d., http://berlin.wolf.ox.ac.uk/lists/nachlass /romanticism.pdf.

• • •

想象力本身指的是一种在大脑中为不存在的事物进行模型创造的能力。然而，在商业活动中，充分利用想象力则要求我们从个人与集体层面了解方方面面的因素。后续的章节将会给出各种措施、原则、政策、工具以及练习，帮助企业领导者通过成功发挥想象力的作用持续重塑自己及企业。在本书之外，您还可以点击 www.theimaginationmachine.org 获取更多的采访、文章、补充资源，以及在线获得我们在每章的最后为大家提供的组织机构诊断表。

下一章中，我们将从如何才能增加接触与获得意外启发的机会讲起。

第三章

诱 因

每一次想象的展开都始于大脑中迸发的一个火花。对于金融界先锋人物奥马尔·塞利姆（Omar Selim）来说，为他意外点燃这个火花的是他十几岁的孩子。当时，塞利姆担任巴克莱银行全球机构客户欧洲市场的负责人，有一次在为第二天去约翰内斯堡出差做准备时，在晚餐期间他与孩子们谈起了工作与生活，聊起了人生中的各种值得与不值得。"好的，所以说您明天要飞到那里，待在一个五星级酒店，做一个大概也没什么人会真正在乎的演讲，"孩子们如是说道，"这就是您为自己选择的路，要把人生投入在这上面，是吗？"

　　正如塞利姆告诉我们的那样，孩子们突如其来的质疑实际上触发了他的想象。这给一切都打上了一个问号。发生这件事的时候，恰逢他工作中出现了一个变动，让他有充足的时间进行思考。当时巴克莱银行已经把投资管理业务卖给了贝莱德集团，同时签署了竞业禁止协议，这就意味着依然供职于巴克莱银行的塞利姆与其团队"不能进行任何资产管理工作"。塞利姆就发展的可持续性以及金融领域有可能如何被非金融的数据和机器学习改变进行了大量的阅读与深入的思考。在与孩子们的谈话产生的催化作用下,他重新思考了自己希望在什么样的机构中工作,并在大脑中逐渐形成了一个关于新型资产管理业务的思维模型。最终,他与巴克莱银行进行商谈之后,买断了当时的留存业务并基于此成立了 Arabesque 公司,这是世界上首家以人工智能分析以及环境、社会与治理指标为基础的资产管理公司。[1]

· · ·

要想让想象力在商业中发挥作用,首先需要将其触发或激发出来,需要一些将我们带出常规视角,带入反事实思考的诱因。本章将会研究意外是如何触发想象力的、哪些措施有助于实现这一点,以及哪些障碍是要避开的。本章还会介绍一些有利于激发想象力的游戏来帮助你提升想象能力,告诉你从什么样的问题着手,并为你的公司提供一份组织机构诊断表。

章节概览

什么激发了想象力?

如何增强灵感?

> 看见
> - 留出时间思考
> - 关注困扰
> - 关注并珍视渴望
> - 接触"他者"的世界
>
> 领悟
> - 对巧合的思考
> - 对反常的研究
>
> 诠释
> - 借鉴类比
> - 学习全新的世界观

什么阻碍了灵感?

> 忙碌是一种新的愚蠢行为
> 只知道答案,不会提问题
> 不重视好奇心
> 过度设计
> 只关注均值与总量

推荐游戏

> 游戏一:"你觉得我认为你要说什么?"
> 游戏二:难缠的客户
> 游戏三:"走错"会议室

值得一问的好问题

组织机构诊断

什么激发了想象力?

我们身边一直存在着各种不起眼的意外事件，比如意料之外的电子邮件。但是与想象力有关的"意外"指的是能够让我们走出常规的思维模型，诱导我们再次进行深入的、有创造性的思考的事件。这些事件就是能够激发我们想象力的那些反常的、有挑战意味的、陌生的，甚至无法理解的人生际遇。

激发想象力的意外情况有三种：巧合——与我们最初试图达成的目标关系不大，或附带出现的一些事件或结果；反常——不符合常态的一些情况、事件或数据集；类比——我们在不同的概念或经历中所看到的类似情况，有可能为新的可能性提供思路。

不过，要想让意外触动我们，我们的大脑需要为此做好准备。途经我们人生的事物那么多，我们需要去"注意到"（认知层面）它们，并有"意愿"（感情层面）去为它开启想象。塞利姆如果根本不在乎金融改革，就不可能创建 Arabesque 公司。同样地，他如果未曾注意过机器学习是如何影响其他行业的，也不可能调用脑中丰富的思维模型储备，来帮助他重新思考资产管理公司应如何运作。

　　我们越愿意去在乎与关注，就越容易为大脑创建一种思维环境，使其有利于捕捉对想象力有激发作用的意外事件（参见图 3-1）。

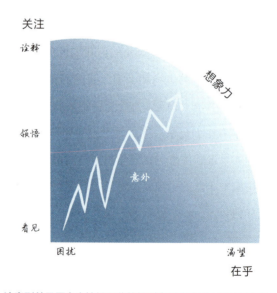

图 3-1　注意到并且愿意去接触那些能够引发反事实思考的意外事物

让人在乎某件事有两种方式：一种是受到困扰，一种是心怀渴望。困扰或挫败促使我们想去改变或逃避某事。渴望会激励我们把想要的事或坚信的事变成现实。了解这一点非常重要，因为我们的大脑并不会简单地把所有感觉印象全部登记在册。就像神经科学家沃尔特·弗里曼（Walter Freeman）所说："大脑皮质所生成的电波图像并非对刺激因素的'简单呈现'，而是……包括了这个刺激因素对动物来说所具有的'意义'与'价值'。"[2] 能够给我们留下印象的，是那些对我们来讲重要的事。烦扰与渴望都可以促使我们去关注某件事。

我们对事物的关注程度深浅不一，可分为几种：看见、领悟、诠释。每种关注程度都涉及一种弊病，即不同形式的关注盲点，我们在工作与生活中或许都碰到过这样的情况。[3]

"看见"指的是吸纳新信息。如果不这么做，我们就无法碰到任何意外。如果我们每天仅限于按部就班地重复日常事务，没有进行过有趣的谈话，没有让自己接触到新的社会环境与地理环境，我们就会被困在"信息盲区"中。

"领悟"是指为了理解某件事所做的信息处理。我们可能会接触到新信息，但如果我们并没有告诉自己"等等，这个异常情况有点意思，让我想想是怎么回事"或是"为什么会得到这样一个意外结果？这可太令人好奇了"，就说明我们并没有使用自己的大脑。如果不花时间与精力去加工我们所见的信息，我们就会陷入"运算盲区"。

　　"诠释"即建立关联，也就是要关注到与一条信息相关的衍生信息。设想一下你和一位专业的生物学家走进同一片森林时，会有什么样的不同。你看到的一片叶子仅意味着它是一片叶子，而生物学家注意到的是在较低的海拔出现了一种罕见的树木，它暗示着气候发生了变化，有可能对整个森林产生影响。他们所拥有的生物学世界观让他们能做出更丰富的解释，即发现事物间更多的关联。人的内在世界在概念上的丰富程度是由深厚的、多元化的世界观所构成的，如果没有这样的内在世界可调用，我们就会踏入"概念盲区"。

当我们能够去关注、愿意去关注时，我们会得到更多的启发，与各种意外不期而遇——或是巧合，或是反常，或是某块他山之石，它们能助我们开启重新想象之门。

如何增强灵感？

要在商业活动中驾驭想象力，一件必不可少的事就是提高有效意外的发生频率。让我们从想象力在个体层面生发的起点来看：对你来说，什么活动可以更加频繁地激发想象力？随着本书内容的推进，我们会进一步扩展到社会层面，研究有哪些措施可以帮我们重塑自己的公司。

看见
留出时间思考
一个最基本的要求就是要抽时间去关注。鉴于企业领导的身上承担着方方面面的压力，他们反而需要刻意为自己留出一定的思考时间。[4]

想象力的激发往往出现在我们进行思考的时候：那是一种放松的状态，没有紧急事务缠身的压力。出生于今意大利锡拉库萨的阿基米德就是历史上最具想象力的人物之一。他发明了滑轮滑车组系统、世界上首个里程表、一个能通过镜子把太阳光聚焦在来犯的罗马战船上的巨型武器以及圆形面积公式（πr^2）。但最令他享誉盛名的那个想法却出现在他躺在浴盆中时。可能是在漫长的一天结束后，他躺在浴盆中放松的时候思索，如果能准确测量某个东西进入水中时水位上升多少，就可以计算出那个物体的体积了。据说，他当时意识到这一点后，光着身子冲到了大街上，大声叫着"尤里卡！"（希腊文 εὕρηκα，意为"我找到了！"）。

人常常能在泡澡或淋浴的时候获得灵感恐怕并非偶然，因为这些时刻往往会抑制我们神经系统中的"或战或逃反应"，有利于"休息与消化系统"发挥作用（请参阅"副交感神经系统"模块内容）。奥马尔·塞利姆告诉我们，他的灵感往往会在这种情况下涌现："对我自己而言，完全是这样的，我的大多数想法都是在早上洗澡的时候涌现的。所以说淋浴间、酒店的汗蒸房等类似场所确实是个好地方，因为当身边的温度适宜时，我会觉得灵感充沛。我就是觉得很放松，不会被任何事情打扰。"[5]

美林证券公司建立初期，创始人查尔斯·梅里尔（Charles Merrill）给他的商业合伙人温斯洛普·史密斯（Winthrop Smith）写信时谈到了留出思考时间的重要性："你和乔治·希斯洛普

（Geroge Hyslop，公司的一名合伙人），如果我在场也算上我，不应该永远那么忙，以至于每天连一个小时的时间都没有。我们应该安静地对一些基本原则进行深入研究与讨论，而不是陷入现在这样的工作节奏。"[6]

对企业领导者来说，特别是在面临危机的时期，他们很容易把本就不多的思考时间丢掉。然而，想象力的激发却需要有整块不被外界需求打扰的时间。众所周知，沃伦·巴菲特会在自己的日程中安排理发时间，事实上在这段时间内他会在某个房间坐下来进行思考。我们需要时间来思考自己的渴望与困扰。我们需要跟随自己的好奇心而不是最后期限去看见、去领悟、去诠释某些事物。

就像开启手机上的飞行模式一样，我们也需要给自己的大脑设一个"休息模式"开关，让我们能够关闭战斗或者逃跑功能，给想象力创造一个空间。有这样一些方式可以一试：

- 做几次深吸气，然后缓慢呼出；[7]
- 吃饭时花一点时间休息，让大脑进行消化与反思；
- 聆听或演奏音乐；
- 不带手机出去走一走。

关注困扰

要想与更多的意外不期而遇，你可以做的另外一件事就是关注那些令自己沮丧的事。那些不会在情绪上压垮我们的挫败或烦扰，能够帮我们将注意力集中在有所察觉的事物上。2008 年的一天，一个叫谢尔比·克拉克（Shelby Clark）的 MBA 学生骑着自行车去取一辆从 Zipcar 公司租的车。他告诉我们："我订到了一辆离我最近的车，距我有 4 千米远。可我当时被困在一场暴雪中，为了去 4 千米外取到那辆离我最近的车，我骑着自行车在大雪中穿行，看着身边停放着许多被大雪覆盖的车，一路边走边抱怨，暗自想着：'为什么我要越过这些车子去找那台车？为什么我不能使用这些车？等等，我为什么不能使用这些车呢？'" [8]

对克拉克而言，这是一件触发了他想象力的事。他关注并且在意了（感到烦扰）对其他人来说骑车路过便也只是路过了的事情。大多数人不会对一排停在那里无人使用的车感到意外。但在沮丧的刺激下，这个场景在克拉克的眼前放大，促使他对当时私人交通出行的一些思维模型产生疑问。他开始进行反事实思考，并最终创立了世界上第一家私家车共享租车公司——Turo。

23andMe 这家基因检测公司的理念也是源自一次令人烦扰的经历。公司创始人安妮·沃西基（Anne Wojcicki）在医疗健康投资领域有 10 年的工作经历。沃西基回忆起她在一次关于保险理赔的会议上的感受："所有来参会的人都只是想弄清楚如何优化账单……而我当时觉得，我受够了。在那个时刻我觉得'整个体系永无可能从内部得到改变'。" [9] 这次挫败显然搅乱了沃西基的情绪，但还需要一个触发事件来帮助她想到更好的替代方案。据她回忆："有一件非常具体的事。有一次我和一位科学家一起吃饭时聊起来，我问他，从理论上讲，如果他有世界上的全部数据、所有的基因信息、所有的表型信息，他是否可以解决很多问题？对方给的结论是肯定的，并认为这可以掀起医疗健康领域的变革。"这次谈话激发她开始想象一种新的业务思路，最终引导她建立起了市值数十亿美元的基因检测公司。

如果我们不加留心，许多信息，包括我们谈过的话、骑在自行车上看到的事物，都只是过眼云烟。当我们正视自己的困扰时，我们的大脑就做好了被触发的准备，帮我们想象出走出困境的方式。

- -

副交感神经系统

在商业活动中，我们常常依赖于交感神经系统，也叫或战或逃反应系统，它的进化有利于我们应对高压场景，比如说逃离捕食者。这套神经系统能够让我们集中注意力。而副交感神经系统，即休息与消化系统的进化是用来管理我们在放松状态下的精神与身体活动的，它在商业活动中较少得到重视。[a] 在狩猎－采集时代，我们能够在猎捕结束回到家后想象狩猎时的精神强度，回顾当天发生的事，或许还会想象如何能够更好地捕猎。在商业活动中，我们也需要创造同样的行动与反思节奏来激发我们的想象力。

交感神经系统于我们而言并不是件坏事：它帮我们阻拦不相关的信息，让我们在焦虑的鞭策下获得成功，这对熟悉的任务或是自发任务来说是件好事。但神经领导力研究所（Neuroleadership Institute）主任戴维·洛克（David Rock）认为："如果不需要考虑得更深、更广，威胁能够使人提高效率……对于威胁的响应，也就是我们所说的应激，能够提高人的运动机能，但它同时抑制了人的感知力、认知力与创造力。"[b]

我可不觉得让他在每次狩猎结束后讲故事的效果有多好……

神经科学依然在探索这两种神经系统是如何通过相互作用影响认知的，但一篇论文指出："副交感神经系统对人的高阶行为与认知至关重要，因为它的神经元与负责控制行为和生理状态的外围神经结构具有更高的关联程度。"[c] 也就是说，我们的大脑与身体是相互关联的。当我们的身体处于休息与消化状态时，它能够帮助我们的大脑实现更高阶的功能。另一份研究表明："更加活跃的副交感神经活动是认知能力提升的一个标志。"[d]

神经科学家玛丽·海伦·爱莫迪诺－杨（Mary Helen Immordino-Yang）从另一个角度对"人在清醒状态下休息"或者说人在没有紧急需求需要回应的时间里有何体验做过研究。在她的论文《休息并非懒惰》（Rest Is Not Idleness）中，她认为大脑的这种放空状态对于"从新信息中找寻意义，从复杂的想法中提取富有创意、有情感共鸣的关联信息"，尤其对于"想象未来"必不可少。[e] 正如心理学家兼作家苏珊·布莱克摩尔（Susan Blackmore）接受我们的采访时所说的："对于我们需要更多的刺激来激发想象力这个观点，我总是保持谨慎，因为我觉得可能恰恰相反。"[f]

要建立起支持想象力的业务，我们应当在有期限要求的工作压力与容许休息与消化神经系统发挥作用这两者间找到一种平衡。我们可以利用好公司能够给我们提供的一切福利，比如公司花园、健身房、冥想与瑜伽活动、午餐，甚至工作时间的淋浴或一个简单安静的空间。这些常常被视为奢侈品，但与此相反，我们应当把它们看作点亮灵感的工具。我们应当倡导并利用这类工具，让自己经常进入一种清醒的休息状态，不必为急迫的威胁而担忧。

注释

a. Ryan J. Guiliano et al., "Parasympathetic and Sympathetic Activity Are Associated with Individual Differences in Neural Indices of Selective Attention in Adults," *Psychophysiology* 55, no. 8 (2018).

b. Judy Martin and Kristi Hedges, "Employee Brain on Stress Can Quash Creativity and Competitive Edge," *Forbes*, September 5, 2012, https://www.forbes.com/sites/work-in-progress/2012/09/05/employee-brain-on-stress-can-quash-creativity-competitive-edge/#399a3893b3e9.

c. Ryan Smith et al., "The Hierarchical Basis of Neurovisceral Integration," *Neuroscience & Biobehavioral Reviews*，75 (2017): 274–296.

d. Giuliano et al., "Parasympathetic and Sympathetic Activity."

e. M. H. Immordino-Yang, J. A. Christodoulou, and V. Singh, "Rest Is Not Idleness: Implications of the Brain's Default Mode for Human Development and Education," *Perspectives on Psychological Science* 7, no. 4 (2012): 352–364.

f. Susan Blackmore, video interview by BCG Henderson Institute, June 24, 2020.

关注并珍视渴望

对渴望的执着是另一种增加人们遇到有效意外的途径。这一点从华平投资集团的特别有限合伙人、剑桥大学经济学家、投资人比尔·詹韦（Bill Janeway）的身上可见一斑。詹韦是大众电脑市场兴起时期顶尖的风险资本家之一。20世纪80年代，计算机市场还由IBM的定制大型计算机所主导，而当时的詹韦有志于打破这种局面。他告诉我们："到了80年代末，我已经非常坚信分布式计算将有潜力成为主流商用计算市场的颠覆者，尽管当时的商用市场规模比如今小很多个数量级。"[10]在这样强大的信念下，詹韦与一些分布式计算初创公司进行了交流，接触到了能够进一步挑战他思维模型的意外信息，这为詹韦开启想象力并取得投资的成功奠定了基础。

一个渴望在最初的时候总是面目模糊的：它只是人们对某件事的潜力所怀有的信念，或者只是一种笼统的愿望。但是心怀渴望可以帮我们关注到意想不到的信息，让我们的想象有更具体的模样，对詹韦来说，这个具体的模样就是他独特的投资理念与他帮忙塑造的新型商业模式。

真正把我们的渴望当成一回事有时候挺难的，因为我们常常看不出当下应该做些什么才能实现它。然而关键的一点在于我们要把渴望留存在心里，要去容忍那些心怀梦想却又暂时无从下手的煎熬。在某个时刻，渴望总会鞭策着我们探索到全新的可能。

接触"他者"的世界

要想遇到意外之喜，只凭一腔热血还不够，还需要把自己置于一个有利于碰到易于激发想象力的事物的环境中。最基本的方式就是要走出房间（比喻义）去寻找舒适区外的事物。接触"他者"十分重要。

在一个公司的发展过程中，人们的思维空间会逐渐被越来越多的内部需求占据："按照人事工作流程，接下来需要做什么？""我该怎么向董事会汇报？""这篇评论应该怎么写？"发展中的公司就像一个球体，它体积的增加速度会超过表面积的增加速度。在公司内部，熟悉的运作流程与按部就班的指令成为主导，将我们挡在了有可能为我们带来灵感与意外信息的外部活动之外。

社会学家罗纳德·伯特（Ronald Burt）研究过一些公司内部想法的起源，他发现与外界有更多交集的人会有更好的点子。当他在一家电子公司问及负责内部管理的经理有些什么样的想法时，经理们给出的是一些"官僚主义者常有的典型抱怨——我们需要人们更加严格地遵守约定好的流程"。相反，采购经理一般会被认为是一种常规角色，但他们却总会带来一些有创意的想法，"很多更加精妙的想法来自采购经理，他们的工作性质决定了他们有更多与其他公司接触的机会"[11]。

要想看看关注点有多容易流向内部事务，我们可以比较两种会议。

- 成熟大公司中的会议。团队在讨论店面的重新设计事宜，会议完全聚焦于内部事务：团队的想法、经理的诉求、其他部门制造麻烦的人。
- 充满活力的初创公司中的会议。团队讨论他们参加过的一个会议，会议内容聚焦在外部事务上：与风险资本家探讨的内容、从各种人那里听到的关于业务的想法。这就激发了企业内部的重新思考：对于公司如何得到发展与变革有哪些新想法。

Arabesque 公司的塞利姆讲述了他在出差期间是如何试着帮助团队打破常规，去寻找一些有可能激发想象力的际遇的：

我们全部坐经济舱，或者在不同的国家乘坐公共交通工具出行。这倒也不是为了省钱，而是为了深入当地，多一些际遇——比如说在印度的火车上，我坐在一位女士的旁边，听她聊聊自己的孩子，或者是任何其他的际遇。每当我去往一个新的城市时，我都会给自己提出一个要求：试着去吃一顿低于10美元的饭。这个主意把我带到过一些不可思议的地方，让我的大脑活跃起来——应对不同的地方、不同的人，以及我平常无法见到的做事方式。它常常让我的思绪迸发出新的火花。[12]

在"他者"世界中寻求意外的另一种方式是进行客户研究。这并非让分析人员去汇总结论，而是应该由企业领导人去观察，甚至亲身参与到与调研对象的原始讨论中，以激发自己的想象力。

还有一些措施可以增加接触"他者"世界的机会：

• 与外部合作伙伴共进晚餐，就某个有趣的问题进行讨论；

你爸爸觉得，如果法务部门的琼斯先生今天晚上能与我们共进晚餐，一起聊一聊，会更容易激发想象。

- 参加一些外部活动，了解他人对你所面临的挑战有何见解；
- 组织一个会议，完全用来讨论公司外发生的事情；
- 结交一些有趣的思想领袖，让自己置身于新信息与新思路的海洋中。

领悟

对巧合的思考

另一个寻求意外、激发想象力的方式就是去反思那些无心插柳时的意外所获，也就是当我们试图去做一件别的事时，我们的行为或其间发生的事所带来的偶然结果。这些意外来得出其不意，与我们原本的思维模型毫无关联。

奥莱利媒体（O'Reilly Media）的创始人、走在硅谷前沿的思想家蒂姆·奥莱利（Tim O'Reilly），曾向我们强调对自己的思维模型之外的事物保持开放的心态有多重要："把想象看成一个放开你所知的一切、重新体验生命的过程。这个世界无穷无尽，我们所体验的仅仅是其中的某些部分。然而我们还会给这样的体验贴上标签，于是人们便被困在这些标签中。人们如果不能在重新走过那段经历时'摆脱标签的束缚'去看待这个世界，便无法获得自己的体验。"[13]

对此商界有一个经典的例子——万艾可（俗称"伟哥"）的诞生。这种药物最初是辉瑞公司研发的一种心脏病治疗药物，研究人员注意到它会对人体完全不同的另一个部位产生一种副作用。

这本是一种很容易被忽视的、无关紧要的副作用，因为研究人员的关注点在于心脏的情况。然而，他们对这个意外发现进行了思考，并把它与另一个医疗领域的需求联系在了一起：解决勃起功能障碍。他们顺着这条意外之路走了下去，想象出一种全新的干预治疗手段，而万艾可最终也成了辉瑞公司最成功的产品之一。[14]

另一个在商业活动中摒弃固有思维并取得成效的例子就是文胸的发明。在20世纪初叶的纽约，两位裁缝伊妮德·比塞特（Enid Bissett）与艾达·罗森塔尔（Ida Rosenthal）想要做一款带内置胸托的新裙子。她们的目的是要解放女性，让女性不必再去穿紧身胸衣。不过当这些裙子开始销售时，一些顾客提出了一个奇怪的需求：她们只想要胸托，不想要裙子。这样的反馈本来很容易被忽视。此前比塞特与罗森塔尔的脑中有一个新的理念在形成中：一体式裙装。但听起来顾客们似乎还停留在旧有的思维模型中——只是想要一些可拆卸式的束胸衣。能够让这两位成为卓越商业领袖的，正是她们能够从想法上放弃最初的执着与当时固有的标签，这完全基于她们对思维模型之外的信息重新思考。她们会问自己："如果我们真的创造出一种可拆卸式的文胸会怎么样呢？""如果这个有趣的领域围绕的恰恰是我们逐渐背离的制衣理念，即可组合、模块化的制衣模式，而非一体式的制衣方式，那又会是什么局面呢？"

《企业家》杂志写道："比塞特与罗森塔尔一开始并非奔着文胸制造商的角色而来的，她们几乎全凭意外撞上了发财的大运。"[15] 从最初灵光乍现的那一刻，到成立 Maidenform 内衣公司，再到如今价值数十亿美元的文胸行业，这个过程中有大量工作要做。但最初触发这一切的是她们对外界细碎信息所做的思考——让思维顺着一条偏转的轨道结出了丰硕的果实。

对反常的研究

寻找意外的另一种方式是对反常现象做深入研究。如果说一个巧合是指你做某件事时跳出常规思维模型的一个偶然结果，一个反常现象则可以说是在你熟悉的思维模型下出现了背离你预期的事情。

要发觉这种异常，意识到你的思维模型给出的解释有误导之嫌或失之偏颇，这也并非易事。哲学家约翰·阿姆斯特朗（John Armstrong）指出："我们其实对新信息的接收并不够敏锐。因为我们的内心存在抗拒，虽然我们可能并未意识到，但它却能够把那些有可能让我们吃惊的事物拒之门外。这是因为我们脑中的思维产物在我们的生活中承载了一些情感因素。我们沉浸于用原有的思维模型去看待一家公司、一个人或一件事，而这种情感上的熟悉感是我们非常不情愿抛弃的。"[16]

深入研究反常现象的一个成功案例来自波士顿咨询公司（BCG）的一个项目，该项目的合作企业是一家为医院提供诊断设备的美国公司。这类业务最常见的思维模型是在销售人员身上加大投入，而在技术人员身上节省成本。该项目执行期间，一位高管注意到公司的设备在曼哈顿的销量高于其他地方。这是一个关键时刻。很可能有人注意到了这一点，但是却用最常见的思维模型做出了解释：曼哈顿的销售人员一定更优秀。然而，这家公司的负责人却进一步追查下去，想要彻底弄清其中的缘由。随着调查的深入，他们发现一个反常情况：曼哈顿是唯一一个派驻了现场技术支持人员的地区。这么做的原因是经理不希望工程师把带薪工作时间浪费在纽约的交通中，而派驻现场工程师是效率更高的做法。

把两件反常之事联系在一起就得到了意外的启发。就像该团队所注意到的，"与技术支持人员的密切接触拉近了公司与设备用户之间的关系，而售后工程师对用户的需求也有了更深的理解。这些技术工程师反而成了公司最有成效的销售人员"[17]。这一意外发现引发了反事实思考。公司领导者想象出了一种全新的商业模式。此前处于公司战略考虑边缘的技术人员成了新业务模式的核心：通过技术人员收集数据，在销售与工程部门间形成沟通渠道的业务模式。公司为其他市场区域也指派了驻场工程师。在业务模式得到了变革之后，该公司最后额外收获了 8 个百分点的市场份额以及 25% 的利润增长。[18]

我们习惯于识别规律，但是识别反常情况（规律的破除）的技能在商业中同样重要。对于规律识别，我们应当像统计学家一样思考，而对于反常的识别，我们则应当像那些能够通过深究事物的特殊性获得惊喜的小说家一样思考。举例来说，我们可以定期选取某个不寻常的销售交易或客户反馈电话来进行深入讨论，或者也可以安排一次周会对业务中任何方面的反常现象进行深度研究，去探寻背后的作用机制。这些探讨常常会成为卓有成效的灵感来源。

诠释

借鉴类比

与看见、领悟一样，提高遇到意外频率的另一种方式就是进行诠释：研究一条信息隐含的其他衍生信息。你可以通过类比的方式实现这一点，即把你在某个领域中所理解的东西借鉴到另一个领域中去。

类比可以成为商业活动中强有力的想象触发点。共享租车公司 Turo 的灵感就是源自谢尔比·克拉克骑着自行车穿行在暴雪中，问自己"为什么不能钻进那辆车"时所做的一个类比：

> 不久前我在一个点对点（P2P）小额贷款平台 Kiva.org 上有过一次非常惊艳的体验。我当时注意到了两者之间的关联，而且这种关联不无道理：Kiva—点对点市场—Zipcar 租车公司。一切突然就在我脑中成形了。Zipcar 公司的制约条

件在于它没有足够的车可用。而在现实中，尤其是在美国，汽车的数量庞大，根本不缺。问题在于我们没有把它们用起来。因此一个点对点的市场就可以把人们连接起来，从而解决这个问题。[19]

风险投资家比尔·詹韦在21世纪初互联网泡沫破裂之时也是通过一个类比展开了想象。他说道："我的博士论文写的就是关于1929—1931年大萧条。所以在1999年时，我对1926—1932年美国无线电公司的股价图了然于胸。如果把那个股价图与华睿泰（Veritas）公司在1996—2002年的股价图放在一起对比，你会发现两者的走势一模一样。"[20] 他告诉我们，这个横向对比促使他开始调整自己对于未来的预期，并让他预见了互联网泡沫的破裂。

我们平常不大会有意识地进行横向比较，但实际上我们可以。我们在波士顿咨询公司的亨德森智库中就建立了一个非商业领域的概念与思维模型数据库，它帮助我们实现了这一点。[21]

可以通过以下步骤去对比一些同类型事物：

1. 关联。确定与你所思考的某件事相关的思维模型。要找到这样的关联，你需要大致描述一下脑中所想的事物的特征。举个例子，比如说你要寻找与房地产经纪相关的同类事物。房地产中介帮人们挑选房子，它广义上属于提供指导建议的一类概念。要找到有趣的关联事物，你可以问：提供指导还会出现在其他哪些场合？心理咨询、问答专栏、宜家家具手册、教学等。

2. 选择。从全新的思维模型中选择一种概念去引用。比如说，你可能会从心理咨询领域中选择情绪理解（心理咨询师了解客户独特心理的过程）这个概念，或从教学领域中选择精神指导（随着时间的推移，老师与学生建立关系并帮助他们发展）这个概念。

3. 注入。现在试着把这种外部概念注入最初那件事的思维模型中。提一些"如果……会……吗？"的问题有助于激发想象力。如果房地产中介能够像心理咨询师一样去理解客户的情绪，会是什么样？如果房地产中介能像精神导师一样帮助我们完善我们的家，又会是什么情形？

做这样的关联看起来有些奇怪，因为这些关联是全新的。但上述方式能够提供一些预料之外的建议，给我们以灵感，激发我们展开想象的翅膀，去探索还不存在的事物的思维模型。

学习全新的世界观

要想增加意外的际遇，我们还可以去了解一些全新的世界观，也就是以不同的方式诠释这个世界的概念与思维模型组成的体系。当撞上我们所熟悉的一切时，全新的世界观就会制造出惊喜。举例来说，假如你聘用了一位曾在一级方程式赛车的技术团队中任职的经理加入公司的物流团队，他可能会观察到有趣的现象，以意想不到的方式去重新思考或改进公司的物流业务，因为在高强度的竞速赛中形成的世界观能够帮助他从与你不同的视角发现某些端倪。

詹韦也赞成通过哲学、历史、文学等人文主义的世界观去丰富我们的商业头脑。他认为，当我们神游于平行世界中，比如经历一番中世纪欧洲的学术争论、看看19世纪南美贵族的生活，或体验一些哲学思想实验时，我们对所见的事物会有更深的理解，也更容易发现事物的规律与异常。如他所说：

> 我们可以从人文学科中了解许多金融市场行为背后的情绪因素。一个最恰当的例子莫过于安东尼·特罗洛普（Anthony Trollope）的经典小说《如今世道》（*The Way We Live Now*）。小说讲述了19世纪70年代在伦敦股票交易所上演的一场极端的投机泡沫事件。这场闹剧始于一个看似可靠的骗子，在一拨又一拨的投资者纷纷入局、推波助澜之后，最终不可避免地走向泡沫破裂的结局。近年来，从安然公司到血液检测公司Theranos，再到支付巨头Wirecard，历史完美再现了这种景象。[22]

思及自己接受的人文学科教育，詹韦表示："我觉得作为一名投资人，人文学科的教育背景切实给了我许多别人所不具备的优势与好处：让我能够参与一些有益的、具有思辨性的谈话，对不同寻常的想法做出评估，以及思考未来可能呈现的模样。"[23]

视觉艺术也能为我们提供不同的世界观，以创造一些意外。纽约普瑞特艺术学院（Pratt Institute）美术系主任简·索思（Jane South）告诉我们：

在美术学院，我们有写生课。写生的过程并不只是教人们如何去画，还教人们如何去观察、去留意。我对学生们说："如果你能够学着从繁复的功能性中提取出其形、其质地、其直观的表象属性，把它们视作'物'，你永远都不会再觉得无聊。你遇到的每一件东西，比如一盏灯、一幢楼、一张纸，它们都能展露自己的全部属性。最重要的是你会看到自己观察事物的方式。你将能够把自己的经验剥离出去，把事物按照它原本的样子一层层拆解开来。"[24]

当然，这些看待世界的角度一定是叠加在我们核心的商业世界观之上的。但这些维持商业高效运转的世界观与那些能够帮我们建立反事实思维的世界观可以是相辅相成的，它们在商业领袖的头脑中达到统一，一方面确保企业机器正常运转，另一方面能够让他们通过广泛、深入的学习去探索企业发展的新途径。

选取一些全新的世界观，让自己沉浸其中。它们可以来自不同学科，比如工程学、逻辑学、神学或心理学；也可以来自具有独特视角的作家创造的世界，比如科幻故事或英雄小说；还可以来自遥远的时空中那些异于我们认知的事物诠释方式。这么做的意义在于储备丰富的世界观，让我们在观察事物之时有大量积累可利用，由此拓宽我们的眼界，增加能够诱发想象力的意外信息出现的概率。

什么阻碍了灵感？

除了采用各种措施，我们还有必要研究一番有哪些常见因素会在个人层面阻碍我们发现并关注意外。这些因素中，很多是大公司反复灌输给人们的一些习惯。我们需要能够意识到它们，这样才能努力去避开它们。

忙碌是一种新的愚蠢行为

比拼谁更忙碌是一种弊病，它会导致我们无暇思考，因此减少了我们与意外相遇的机会。解决方案：请记住，把日程安排得满满当当、不留任何思考空间实际上是一种低效的脑力使用方式。相比穷忙，你的大脑能够做更有价值的事情，虽然所谓"有价值的事"有时候看起来不过是四处游荡或是盯着窗外发呆。就像比尔·盖茨所说："把日程中的每一分钟都安排满不见得就是你在认真对待工作……你要控制好自己的时间，坐下来想一想或许比忙碌更要紧。"[25] 恰恰是在那些忙得不可开交的时候，我们不应忘记抬眼望一望窗外。

只知道答案，不会提问题

商业社会中似乎有种不成文的规定，仿佛人人都应当有种成竹在胸、舍我其谁的姿态。或许是在这种压力下，我们常常希望自己成为那个有答案的人——或者即使有问题，也一定是那些我们已经知道答案的问题。这意味着我们会避免让自己措手不及。

针对这一问题，一个解决方法在于我们有时可以问一些目前还没有答案的问题。好的问题会把我们带到一个完全未知的或我们不太熟悉的领域，让我们有更多机会发现意外。

不重视好奇心

满足好奇心看起来似乎是种纵容，主要原因大约有两点：一是它通常不会在短期内带来有价值的结果，二是长期结果不可预测。然而，当我们忘掉好奇心时，我们便也减少了接触新奇事物以及与意外不期而遇的机会。解决方法：有时候，可以做一些单纯是为了满足好奇心的事情。在商业文化环境中，人们为了达成预设的目标，会让自己完全沉浸于熟悉的知识领域。与此相反，或许你偶尔也可以让自己读一读席勒的《审美教育书简》或《地质与采矿研究》期刊。

好奇心？这是纵容好吗？？

过度设计

这是与随机和混乱完全处于两极的另一种错误。你有习惯性的日常生活、出行方式以及常打交道的人，这一切都有利于提升效率，但减小了巧合与反常出现的概率。过度的无序状态会给企业造成破坏，毕竟建立企业就是为了试着把各种力量用有价值的方式组织起来。然而，解决过度设计这一问题，就是要让你所处的环境以及接收的信息中那些不可预测的部分与既有的秩序达到一种平衡，比方说调整日常安排，同人际关系算不上近的人打打交道，或者去观察一些平日里不常关注的业务部分，比如零售网点或区域中心等。要记住，在程式化的事务与意外之间可以做一点折中。

好的，但是妈妈，我不想太刻意地
规划这个环境！

只关注均值与总量

我们常常会关注平均值，却忽略一些有趣的个别数据——某个成功或不成功的独特销售案例、某个另类的销售部门，或某个有趣的客户。这种做法也会让我们无法关注到某些反常之事。平均值在总结一个复杂事件的影响时非常有用，但我们应该记得同样要给均值外的异常值足够的关注，因为它们可能会是变化即将发生的信号，也可能是灵感得以激发的源泉。

推荐游戏

还有一种激发反事实思维的方式就是去玩一些精心设计的游戏。游戏框架虽是人为设定的，但我们可以以此发现一些能够激发想象力的意外信息。

游戏一："你觉得我认为你要说什么？"

玩这个游戏可以让你在思考问题时摆脱一些熟悉的思路。下次你与团队有重要事宜需要讨论时，可以抛出这个问题："你觉得我认为你想说什么？请说些与此不同的吧。"换句话说就是"说些这次讨论中不在我预期中的内容吧"。这样的问题会把探讨的内容推往新的路径，有些就有可能触发想象。

游戏二：难缠的客户

业务出现异常或是令人沮丧的原因往往是出现了一些难缠的

客户。但你们公司有多少次真的从这样的客户那里吸取到了教训？你可以与同事一起玩这个游戏，把难缠的客户变成灵感的来源。

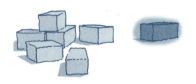

设法去找一些对你们公司的产品或服务不满意，或者对你们的业务模式有看法的客户，听听他们的想法。你可以亲自与他们见面，或是从客服电话中听取反馈，试着去理解他们的需求与动机。明确这些人对你们公司有什么样的不满，然后去回答这个问题："要想满足这些客户的需求，我们的公司应该是什么样子？"

保险经纪及风险管理公司韦莱韬悦（Willis Towers Watson，简称WTW）在重新思考自己的企业战略时，想要了解保险市场上哪些服务可能对未来有重要意义。当它问自己的现有客户"你对WTW销售给你的产品还满意吗？"时，收到的大多数是肯定的回答。之后它换了一个问法："你在经济活动中碰到过什么样的困扰，你是否会为此向WTW寻求帮助？"答案就不那么令人满意了，但是更有用。通过主动搜寻不如意之事，WTW找到了市场上还没有人去满足的需求以及公司当时还没能提供解决方案的领域，这些都是新产品与服务即将通过想象问世的先兆。

游戏三："走错"会议室

为了敦促你与同事能够获得全新的信息输入，可以就某个特定项目玩一个"走错"会议室的游戏——这些会本不需要你参加，你只是与此事有些间接关系。如果你是项目指导组的成员，不妨在某一周跳过自己的会议，去参加技术团队在周一的情况说明会、市场团队的研讨会或采购经理的碰头会。享受自己随机出现在某个地方的感觉，看看是否会碰到什么不同的想法，让它们激发自己的重新思考。

呃……这是市场部。我觉得
他们都走错会议室了……

值得一问的好问题

提出问题常常是推动思考的一个重要的起点。常备一个问题清单可以帮你把注意力转向更有效的方向。在本书第三到第八章，我们都会把章节内容中的精华提取出来整理成一个具有引导性的问题清单。下面这些问题有助于意外信息的获取：

- 我的效率是不是太高了？我反思得够多吗？
- 在我们的商业模式中，什么是令客户最为恼火的问题？
- 在理想的世界中，我希望追求的商业抱负是什么？
- 这事为什么会成功或失败（有用的巧合）？
- 哪里不太对劲（反常）？
- 这件事是什么的例证（类比）？

组织机构诊断

要构建一个更具有想象力的公司，我们首先应该对现有的组织进行评估，看看作为企业领导者，我们所营造的是不是一个有助于激发灵感的组织机构环境。

做这个练习有两个作用：了解自己所处的位置以及了解接下来应关注什么。你可以访问 www.theimaginationmachine.org 把自己的得分与其他公司进行横向对比。下表中的每一点均来自本章所述的举措，可以帮助你找到需要聚焦的方面。如果你在某个问题上得分不高，可以参考对应的措施进行调整。

相关举措	从不（1分）	极少/少于一年一次（2分）	有时/每月到每年一次（3分）	经常/每周到每月一次（4分）	一直如此/每周多次（5分）
员工经常抽时间进行一些安静的思考。	留出时间进行思考				
员工能找到富有创意的办法解决问题和困扰。	关注困扰				
公司常给员工提供机会，让他们从公司或者常规客户以外的渠道去接触能够开阔视野、丰富想法的事物。	接触"他者"的世界				
员工能关注、汇报并讨论某个项目或成分析中有趣的意外发现。	对巧合的思考				
如果公司中有人发现了预料之外的机会，会研究如何行动起来。	对巧合的思考				
公司经常会在精细数据中寻找异常数据并加以分析。	对反常的研究				
公司员工会在展示说明中会使用意想不到的类比与视角。	借鉴类比				
总分					

把总分加起来后，你会看到你们公司现在的情况：

31~35分，优秀；21~30分，良好；11~20分，中等，0~10分，差。

第四章

想 法

我们可能会碰到一些让人灵光乍现的巧合、反常现象或是可类比的事物，但如果我们不能努力把这些灵感形成想法，它们的意义便也不大了。让我们想一想美林证券公司联合创始人查尔斯·梅里尔的故事吧。梅里尔曾在大型连锁超市西夫韦（Safeway）担任总监，在大萧条时期帮助这家公司获得了成功。后来他以首席执行官的身份回到美林证券公司时，带来了一个大胆的想法——把银行变得像超市一样。他希望公司的业务可以触达中产阶层，而非只服务于金融圈子中的少数精英，公司的产品与定价机制应该可以让每个人都能理解。

　　为了实现这个想法，梅里尔"一整个月都工作到深夜"[1]。他的同事温斯洛普·史密斯这样回忆道："我们把数据翻来覆去反反复复看，花了很多时间讨论各种可能性……"[2] 我们同温斯洛普·史密斯的儿子小温斯洛普先生，也就是美林公司的前执行副总裁谈及此事时，他是这样解释的：

梅里尔谈到要把客户利益放在首要位置。这正是他对连锁超市业务所持的理念——把高品质的商品以低廉的价格推向中产阶层用户。他把这一原则引入了经纪业务。他发现当时的业务模式并没有以客户为中心，到处充斥着利益冲突。而且从业人员并不是很专业，他们基本上都是从大街上雇来的人，突然摇身一变就成了证券经纪人。公司的固定成本还非常高：那些漂亮大气的办公室与基础设施完全没有必要。他研究了自己是如何在低利润空间的基础上运营连锁超市的，并意识到可以把其中的某些方式运用到经纪业务中去。[3]

梅里尔进行了反事实思考：银行可以是什么样？他围绕当时的业务模式做了许多假设，问自己："如果经纪人赚的是工资而不是佣金，会是什么情况？"他仔细地将银行与超市运营模式进行类比，清楚地表明希望把西夫韦的哪些模式与理念引入经纪业务。同时他还考虑到一些关键的制约因素，比如银行业间信任的缺失。他把各个部分关联起来，得出了一个新型组织的可行模式。

银行可以更像个超市，这样一个对很多人来说一闪而过的念头成了未来有望实现的一种业务模式，因为梅里尔把这个想法开发了出来。最终在他的重新构想下，美林成了美国最大的证券经纪公司，也成了华尔街两个时代的分水岭。[4]

查尔斯·梅里尔与同事温斯洛普·史密斯共同探讨"从华尔街走向主街"的理念。

图片由小温斯洛普·史密斯友情提供

· · ·

要驾驭想象力，我们需要把那些被意外信息触发、稍纵即逝的念头作为重构思维模型的起点，去开拓全新的、有价值的反事实思维模型。本章将研究什么是思维模型、思维模型重新构建的艺术、阻碍我们的常见因素，还会提供一些锻炼重构技能的游戏、值得一问的问题以及相关的组织机构诊断。

章节概览

什么是思维模型？

如何重新构建思维模型？

视思维模型为模型

- 要记住想法并非现实
- 请记住思考不花一分钱
- 一切始于混乱

掌控思维模型

- 理清思维模型
- 把玩各种假设
- 深挖事物间的相似性
- 拓展广度与深度
- 破解约束条件
- 整合各个部分

开发可替代的思维模型

- 培养多向思维
- 平衡好自负与自谦

是什么阻碍了重新思考？

对想法缺乏耐心

寻求归属感

维护现状

着眼于实际

推荐游戏

游戏一：颠倒业务顺序

游戏二：解决更大范围内的问题

值得一问的好问题

组织机构诊断

什么是思维模型？

正如神经科学家卡尔·弗里斯顿所述："大脑给世界建立了一个模型，这个模型是大脑基于各种感官输入对世界所做的优化……大脑是一个推理机器，它能够主动去预测并对各种感知做出解释。"[5] 换言之，通过神经元之间的活动规律，我们的大脑创建了一个微缩版的内部体系——各种思维模型——去捕捉现实世界某些体系的变化。我们可以对一件物品建立一个思维模型，比如针对一张办公椅，思维模型会告诉我们应该如何使用它，以及当我们作用于它时它有什么反应；也可以对人建立一个思维模型，比如一位同事有什么样的性格特点；还可以对一个组织建立思维模型，比如我们的企业以及它的运营方式是什么；当然也可以对整个世界或宇宙以及我们在其中的位置建立思维模型。

思维模型以神经元间的活动规律为存在形式，因此是无法直接看到的。但我们可以对它们进行视觉形象的描绘，比如地球与以它为中心的行星图解——这是 16 世纪时整个人类文明公认的一个思维模型（参见图 4-1）。

我们是如何获得已有的思维模型的呢？我们可能会觉得，是信息通过感官进入大脑，给我们提供了一幅世界的画面，就好像光线进入照相机一样。事实上，我们的大脑所采用的感官数据并不如我们想象中多。当我们走进一家咖啡店时，我们意识到这是一家咖啡店，然后大脑就会通过我们对咖啡店的理解（模型）自动把我们预期中关于咖啡店的大多数信息补充出来。[6] 认知科学

图 4-1　关于宇宙的思维模型，葡萄牙宇宙学家巴尔托洛梅乌·维利乌（Bartolomeu Velho）于 1568 年绘制

"天体图"，托勒密宇宙地心说的图解，选自巴尔托洛梅乌·维利乌的著作《世界志》（*Cosmographia*）。图片来源：法国国家图书馆，巴黎；Alvesgaspar 所摄 / 知识共享组织（Creative Commons），2008 年

家阿尼尔·赛斯（Anil Seth）是这么说的："我们并不只是被动地感知这个世界，在某种意义上也在主动生成它。我们体验的世界来自由外而内的过程，也来自由内而外的过程。"[7]

赛斯把思维模型描述为受控的幻觉："我们无时不刻不在产生幻觉，包括此时此刻。只不过当我们认同幻觉时，就会把它称为现实。"[8] 这些幻觉之所以是可控的，是因为它们扎根于事实，受到我们的感觉印象与其他思维模型的制约，比如我们对自然规律的理解。然而特别是对企业或国家这样更加复杂的思维模型来说，重新进行思维构建的空间就很大了。

需要指出的一点是，涉及人类社会时，思维模型本身就成了动态体系中的一个部分。与太阳不同，无论我们怎么想，太阳永远是太阳，但一个企业的发展与生存是由参与其中的人具有的思维模型所决定的。当每个人都改变想法时，也就是针对公司是什么、应该做什么的思维模型发生变化时，公司就会发生改变。本书接下来会深入研究这一点，因为我们会观察想象力在社会层面的作用：一个想象中的思维模型是如何通过传播到他人的脑中，创造出一个全新的现实的。

认知科学家认为，思维模型是由人的信念构成的，有一定的实现可能性。不过"信念"这个说法有误导之嫌，因为我们并不见得总能意识到构成我们思维模型的是哪些元素，也不一定能准确地把它们说出来。一个思维模型就是我们对某个事物在脑中的整体呈现，它既包括我们认定的信念，也包括图像与一些不太说得清的情绪与本能。一名职业自行车手有一个关于自行车与地形的思维模型，这既包括车手的信念，也包括他在职业训练中所培养的本能（拐弯速度可以有多快，自行车能承受的极限是多快）以及设想中的画面（地貌特征与路线）。

家电公司的首席执行官应当有一个关于自己的公司思维模型（参见图4-2）。这个模型应当包括一些信念（关于公司的竞争优势、战略、精益化运营的关键原则）、想象中的画面（关于工厂、

产品、商标、客户的家）以及一系列不确定的感觉与本能（客户
有什么样的想法与感受，怎样成为一名高效的首席执行官，她的
顶级团队有什么样的个性特点）。

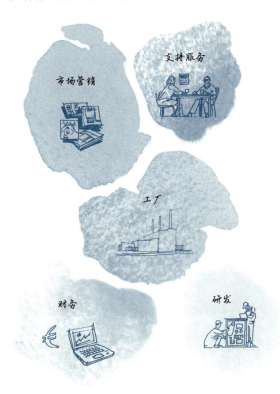

图4-2　家电公司的思维模型

如何重新构建思维模型?

在遇到意外事物，也就是那些能够挑战我们思维模型的巧合事件、反常情况或可用来类比的事物时，我们可能会产生一些呼之欲出但又不甚清晰的想法，比如：

> 如果银行能像超市一样会是什么情形……
>
> 我们可否调整组织机构，给予员工更多自主权……
>
> 我想知道我们有没有可能开拓一种业务，把人工智能用于治疗……

如何才能从一个开放式的起点出发，找到一种有价值的、反事实的思维模型呢？我们需要使用人类独有的、与思维模型相关的能力。

人类有三种与思维模型相关的独特能力。其一，思考某些想法时，我们能够视它们为模型，把它们当成可控的幻想而非现实，这一点让反事实思考成为可能。其二，我们能够有意识地对思维模型进行操纵，通过剪辑、阐释与重组其中的构成元素创造出新的思维模型。其三，我们还能形成各种可替代的思维模型，这让我们得以开拓更丰富的可能性。我们把这些能力的运用统称为"重新思考的艺术"（参见表4-1）。

表 4-1　重新思考思维模型的艺术

视思维模型为模型	掌控思维模型	开发可替代思维模型
要记住想法并非现实	理清思维模型	培养多向思维
请记住思考不花一分钱	把玩各种假设	平衡好自负与自谦
一切始于混乱	深挖事物间的相似性	
	拓展广度与深度	
	破解约束条件	
	整合各个部分	

视思维模型为模型

要记住想法并非现实

因为我们的大脑太擅长为事物建模了——比如它让我们误以为面前的桌子在我们大脑中所产生的思维模型就是那张桌子本身——我们常常会对自己的思维模型怀有一种无用的敬畏感。我们可能隐约觉得银行的模型是一个不可改变的事实，就好像它是宇宙的一小部分，从一开始就存在一样。就好比童书给我们展示的事物形象（参见图 4-3），我们从小就是以这样的方式习得知识的。

人类的创造与星球一样永恒，这种感觉导致我们很难想象要去改变它们。举个例子，我们与一家寻求新发展方向的中型银行的首席执行官合作过一个咨询项目，探索新的增长路径。项目的讨论集中在现有运营业务的扩展上，比如说如何向部分农业市场

长颈鹿　　　　　　冥王星　　　　　　银行

图 4-3　人们以为思维模型似乎是现实中不可改变的一部分

多放出 7%~8% 的贷款。但要在更宽泛的范围内讨论诸如"银行可以是什么样的？"这种反事实问题时，困难就大多了。在人们的观念中，银行就是银行——这是思维定式——业务的增长要靠资源的合理配置。这种做法短期可能有效，但它会让人错过重新对银行进行构想的机会。如果查尔斯·梅里尔没有对反事实理念进行深度挖掘，他永远也不可能开历史之先河，踏上通往发展的新路径，而他对金融行业所做的重新思考也让他获益良多。

每一个商业模式曾经都不过是一个思维模型而已。银行如今的存在并不代表着我们应该忘记它也曾是人类偶然的创造而非必然存在。从根本上说，银行就是一个概念，是人们想象出来的一个思维模型，因此它是可以被重新思考、重新想象的。

因此，关键的一点在于我们要记住，人的想法与现实并不能画上等号。我们如今所依赖的思维模型是被构建出来的，也就是说它们有各种各样的构成元素，因此可以被分拆、修改与重组。

请记住思考不花一分钱

还有一点对于想法的形成也很重要，那就是要记住，除了需要花一点时间，玩转各种思维模型没有其他任何成本。在你的整个职业生涯中，你很可能有过一些稍纵即逝的想法，如果它们得到进一步探寻，有可能带来深远的影响。"如果我们把大多数业务都卖掉会怎么样？""如果我们进军一个不同的行业会怎么样？""如果彻底重新思考我们提供的服务又会怎么样？"类似这样的问题很容易被忽视，因为我们担心这些问题会带来更多的麻烦、花费高昂的成本，甚至最终导致不明智之举。

请不要把思考与重构思维模型这种不花一分钱的练习与真正去践行改变混为一谈。大胆地想象是一种无风险的活动。我们需要给自己一个机会去构想另一个令人激动的世界，发现并清楚地说出它有哪些好处，而不是在此之前就被落实这些想法可能需要付出的代价限制住思路。

路创电子公司（Lutron Electronics）的董事长兼首席执行官苏珊·哈卡赖宁（Susan Hakkarainen）告诉我们，她的管理团队有这样一条规则，即首先单纯地关注想法，不考虑如何实施：

> 对我们来说，一个重要的原则就是先不去考虑一件事有多难或是多容易，也不去考虑最后要如何落实。我们首先要去想这件事是什么。你要去听客户的想法，去做换位思考，听一听他们的需求，探讨一下解决方案，即使这些事你以前从未做过。而且你如果从未做过这些事，就更有必要这么做了。要做到这一点，唯一的方式就是让自己重新思考、设计、构建、猜测、修补、想象一件事可能是什么样。不要去推测现实会把什么丢到你的面前，不要去理会这件事往后会变得有多困难，尤其是在这个过程的最初阶段，因为反正一开始想的也极有可能是错的，以后再搞清楚也不迟。[9]

一切始于混乱

重新思考的艺术中，另一个重要的做法是要容忍新思维模型的混乱状态，它们一开始总是不够连贯，也难以让人信服。好的想法最初会很混乱、不清晰、不够惊艳，甚至有点拿不出手。

宾夕法尼亚大学医学院的首席创意官、软件公司财捷集团（Intuit）的前创意总监罗伊·罗辛（Roy Rosin）对这一点的总结令人印象深刻："最棒的主意是那些最有机会继续演化的想法。"[10]

一个例子就是最初的"波士顿矩阵"。这个概念是一个比较

知名的企业产品结构管理工具，但它最初的草图非常不容易理解
（参见图4-4）。

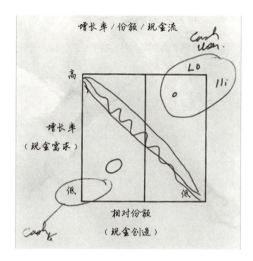

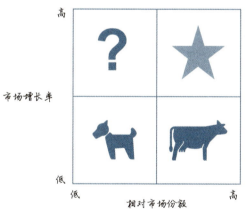

图4-4　波士顿矩阵——最初的草图与成品相比，条理总是不够清晰

图片经波士顿咨询公司的研究机构 BCG 亨德森智库许可后使用，版权保留

波士顿矩阵的这个草图已经迭代修改过多次，并非初稿。不过图 4-5 展示的是推特创始人杰克·多尔西（Jack Dorsey）在记事本上绘制的对推特最初的构想。

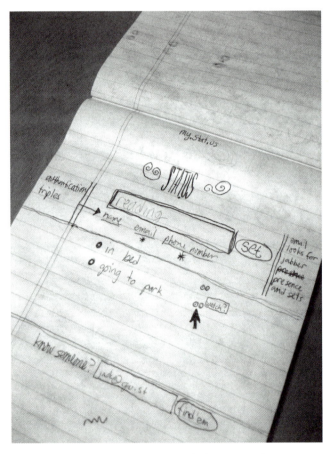

图 4-5　推特的思维模型元素草图，2006 年

图片来源："推特草图"，2006 年 3 月 24 日 / 知识共享组织（Creative Commons）；杰克·多尔西友情提供

为什么我们对一个想法早期的混乱程度往往不够宽容呢？因为美好的事物最初是什么样的常常不为人所知。在艺术领域，有一句著名的中世纪拉丁语谚语对这一点做了清楚的描述："真艺术不露人为的痕迹。"[11]我们看到一首已经完成的诗或一幅画时，并不会看到在此之前被一次次放弃的粗劣草稿与庸常的想法。艺术的一部分就在于要让艺术有种举重若轻之感。在如今的商业领域，道理也是一样的。我们看到的是成功的商业与产品，让它们的缔造者去大肆宣扬这精美的成果有过怎样乱糟糟的过去对他们并没有什么好处。

为了消除这些观念，我们在 BCG 亨德森智库建立了一个思维模型早期阶段的展览馆，为处于重新思考初期阶段的人们提供一些启发。由于许多草稿都画在了餐巾上——人们当时可能正坐在一家咖啡馆、一间酒店餐吧里，或只是在午餐间的一次讨论中画下了它们——我们把它称为"餐巾纸展馆"。你可以登录www.theimaginationmachine.org/napkingallery 浏览这些草稿。

关键在于要把对最初灵感的所有想法都画进草稿中。一开始的这些信息可能在纸上看起来有些支离破碎，甚至比推特的那张图都零碎：一些关键字、几笔速写、几个目标，可能还有一些粗略的数据计算。但这正是一个新的思维模型在最开始时会合理呈现的样子：一团乱麻。我们应当培养类似的习惯，去记录一些想法的早期形态，这样随着时间的推移，它们会逐渐变得清晰、易于回忆，并得到完善。

掌控思维模型

理清思维模型

建立新思维模型的另一个办法是去分辨并明确与你最初的想法相关联的所有思维模型。把所有元素都摆出来，看看哪些构成部分是你有可能希望进行结合与重组的。

举例来说，假设你运营着一家大型医院，有一天在健身房里，你开始想象一种新的可能性。受到事物间类似特征的启发——医院与健身房关注的都是健康——你开始思考，如果让医院变得更像一个健身房，结果会是什么样的呢？

为了进一步推动这个想法，你应该要把相关的思维模型描述并罗列出来，清楚地说出目前对医院或健身房来说最重要的思维模型由哪些部分组成（参见图 4-6）。你还可以把其他相关的思维模型与组成部分写下来或画出来，比如教练与营养师（参见图 4-7）。

图 4-6　医院与健身房思维模型各个构成部分的比较

图 4-7　教练与营养师的思维模型

把各种相关的思维模型清清楚楚地列出来可以让你在想象时有更多素材可用，尤其是那些可视化的组成部分。这么做可以帮你注意到新的相似点，以及哪些部分有可能重新组合在一起。我们现有思维模型的组成部分可能会成为未来我们搭建新思维模型时的材料。

把玩各种假设

重新思考的艺术还涉及一个方面，那就是敢于把玩各种假设。假设是我们在思维模型中觉得理应如此的部分，是那些我们深信不疑的想法，相信到连自己都常常忘记它们不过是想法而已。要想开发新的思维模型，你可以放下那些执念，去调整它们，甚至去反向思考。

举个例子。星巴克发展起来的时候，咖啡界最主流的思维模型是速溶咖啡。它背后的假设条件是，我们已经过了那个需要乱糟糟的研磨咖啡和闹哄哄的咖啡机的时代。这种趋势在当时看起来也已不可阻挡。市场的领头羊雀巢公司在当时已经拥有了强大的速溶咖啡品牌与经济规模。

星巴克的成功依靠的是对这种假设的逆向思考。星巴克公司于 1971 年建立之后，首席执行官霍华德·舒尔茨（Howard Schultz）就对自己在意大利时那种意式咖啡机的低鸣、香气四溢的环境、人们围坐在咖啡机前交流的美好体验十分关注。他渴望能把这一切带给更多的人。星巴克最终推翻了咖啡行业的主流理念，而这一切始于舒尔茨在脑中对人们的原有设想所做的颠覆。他思考着人们会一直想要干净整洁、随手可取的咖啡这种假设，然后想着如果研磨咖啡不是速溶产品，但获取同样非常便捷，人们会不会喜欢它？舒尔茨想象出了一种全新的咖啡公司的思维模型（对美国西海岸来说是全新的），至今这依然是这家公司最根本的理念。

与舒尔茨一样，你也许会发现，回头去看自己的热望或沮丧是件很有帮助的事，因为它们对你应该做一些什么样的假设有种引导作用。媒体企业家、《连线》（Wired）杂志的创始人之一以及 Web 2.0 峰会的联合主席约翰·巴特利（John Battelle）就是通过一个这样的问题来引导自己往某个方向去思考："如果……岂不是很酷？"提这样一个假设性问题，而且把它与"酷"关联在一起，会把我们的注意力调动到渴望上去：我们并不是凭空做一些推测或假设，而是在问自己推翻思维模型中的哪些部分会是件令人振奋的事，换句话说，要把精力用于考虑如何减少困扰或追求更好。就像巴特尔所说："我所开创的每一项业务都始于这个问题，'如果……岂不是很酷？'，然后再随着心意去做更多的探索，更加细致地去想象它可能成为的样子。"[12]

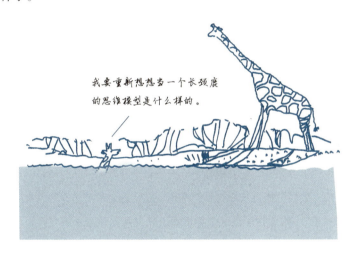

我要重新想想当一个长颈鹿的思维模型是什么样的。

想象与图像

我们对思维模型进行思考时，往往会通过由语言标签化的概念来进行。比如我们开始重新想象与银行相关的思维模型是一些与钱、负债、账户等相关的概念。

然而一种耐人寻味的可能性在于，在想象力进化之初，语言出现

之前，想象的能力是以图像为基础的。[a] 围绕这一论断的很多想法还都是推测，但确有一些蛛丝马迹可寻。

250 万年前早期人类出现之时，我们的祖先还是一种视觉性生物。不同于其他哺乳动物依靠嗅觉判断方向，人类与他们的灵长类祖先一样，行走世界依赖的是视觉。在相当长的一段时期内，他们在没有语言的情况下开发工具，或许还形成了传统仪式。在印度尼西亚特里尼尔地区发现的 50 万年前的贝壳上刻有图案；人们还发现了 23 万年前的小雕像。[b] 而语言似乎直到 10 万年前才出现。[c] 所以看起来存在这样一段持续了数十万年的时间，我们的祖先在语言还不成体系的时候创造出了视觉意象与图案。

他们在创造出当时不存在的事物时是否在脑中想象出了它们的图像，我们不得而知。但想象力在最开始时有可能完全是以画面呈现的，或者说早期的反事实思维模型是通过图像的重组形成的，而并不像我们如今的思考方式，是通过语言标签所定义的概念构成的。认知科学也发现，高级的概念认知与视觉系统（以及情绪系统与运动系统）有密切关系。[d] 概念性思维从某种程度上来说需要依赖于脑中所呈现的意象，而且一定程度上也是由它所形成的。这也可以说明为什么在想象力中图像是一种核心因素。比方说，我们谈论的是对未来公司的图景（而不是声景）。我们会说"给我描绘一下你想象中的画面"，意思就是"让我脑中也有个图像呈现出来"。这种关联从想象这个词本身就能够看得出：英文中"想象"一词是"imagination"，其中包含"图像"（image）这个词，它的拉丁词根是"imaginatio"，意为在脑中描绘画面的行为。

这些背景知识有助于提醒我们在重新思考思维模型时可以借助于视觉化思维。心理学家兼作家苏珊·布莱克摩尔向我们讲述了她在思考的时候大脑中有些什么活动：

> 我经常在猜想：宇宙的终极构成因素是什么？为什么大脑会"引发"思考——我甚至不知道这么用词是否准确，更别提我们称之为意识的那种现象了。我无休止地思索这些问题。我想你一定会说这一切都与想象有关。我的有些思考是以文字的形式进行的，比如我想写作的内容，或是在脑中想象与别人的争辩，但不瞒您说，我绝大部分的思考都是结构性的：在某种想象空间中，我通过视觉化的方式去研究事物间的规律与关系。[e]

20 世纪 60 年代，就职于美国国防部高级研究计划署的心理学家及工程师约瑟夫·利克莱德（J. C. R. Licklider）大约是首位想象出台式电脑的人，那时的计算机还是笨重的大型计算机器。这个想法源自他脑中一个有冲击力的画面："有一个能够让你看到模型表现的图形显示器，如果你还能在某种程度上抓取这个模型、移动它、修改它、与它互动，那这样一种与模型互动的工作体验确实太让人激动了。"[f]

我们的大脑可以通过图像完成认知，它与语言表述一样具有启发性且含有同样的信息密度。我们应该记住，在探索反事实想法时，除了运用语言，还可以运用图像。

注释

a. Stephen T. Asma, *The Evolution of Imagination* (Chicago: University of Chicago Press, 2017).

b. Kate Wong, "World's Oldest Engraving Upends Theory of Homo sapiens Uniqueness," *Scientific American*, December 3, 2014, https://blogs.scientificamerican.com/observations/world-s-oldest-engraving-upends-theory-of-homo-sapiens-uniqueness/; Kate Wong, "The Morning of the Modern Mind," *Scientific American*, June 2005,

https://www.scientificamerican.com/article/the-morning-of-the-modern/.

c. Michael C. Corballis, "Did Language Evolve before Speech?," In R. Larson, V. Déprez, and H. Yamakido (Eds.), *The Evolution of Human Language: Biolinguistic Perspectives* (Approaches to the Evolution of Language) (Cambridge, UK: Cambridge University Press, 2010), 115–123.

d. L. W. Barsalou, "Grounded Cognition: Past, Present, and Future," *Topics in Cognitive Science* 2, no. 4 (2010): 716–724.

e. Susan Blackmore, video interview by BCG Henderson Institute, June 24, 2020.

f. Jessy Lin, "Rethinking Human-AI Interaction" (blog), June 8, 2020, https://jessylin. com/2020/06/08/rethinking-human-ai-interaction/.

- -

深挖事物间的相似性

思维模型重组的一个核心方法是要善于发掘事物间的相似性。我们在前一章中探讨过，事物间的类比可以给我们带来意外的刺激，触发想象。而它同样也有利于我们进行重新思考，培养新的思维模型。

为什么做类比如此有效呢？他山之石，可以攻玉，世界上存在许多这样相互借鉴的机会。哲学家阿兰·德波顿（Alain de Botton）是这么说的：

> 似乎宇宙间的万物都有许多内在的关联方式，事物间的特征会在不同的领域反复出现：落在玻璃窗上的雨滴会与干涸的河床呈现相似的图案，火星表面的裂隙与我们的掌纹有同样的生长逻辑。我们总会局限于"筒仓思维"，但我们应当从明显不同于我们，但莫名又有些相通的领域去

四处寻找类似之处：从生物学中看艺术，从艺术中看政治，从政治中看事物关系，从关系中看自然，从自然中看心情，从心情中看厨艺，以此类推。做类比的好处在于它让我们可以用各行各业中的知识充实我们的大脑，无论我们身处哪个领域。[13]

查尔斯·梅里尔能够改革银行业，是因为他挖掘出了连锁超市与银行业的相似性。如他所述："我们必须从华尔街走向主街——而且我们必须用连锁超市那种高效的、走大众商品路线的方式去实现它。"[14] 当他从西夫韦的总监岗位上离任，回到银行业之后，通过发掘大脑中的超市经营思维想象出了一个全新的银行业。他借鉴来的理念成了新思维模型的核心：透明的定价、易于理解的产品、薄利多销的策略、客户需求的调研以及大规模的广告投放。

我们在前一章讲到，要充分借鉴一个类似事物，首先要找到一个你认为与你所关注的事物在某些方面相通的思维模型。其次，选择类似模型中你可以引入原有思维模型的一个部分。最后，退一步想一想，这样的重组对于你最初的想法有什么样的影响。

让我们把这个方法应用到重新构想医院这个例子中来。明确相关的思维模型（比如健身房、营养师以及教练等）后，我们或许可以考虑把一些概念引入医院，比如会员制、日常锻炼以及训练（参见图 4-8）。

图 4-8　一种新型医院的思维模型，借鉴了健身房与教练的思维模型元素

　　我们可以退一步来思考引入这些元素可能对医院的思维模型产生什么影响。不妨这样问自己：

- 如果把外科手术与内科医疗作为医院的副业，让健康指导成为主要业务，会发生什么？

- 如果医院在应对疾病的同时，把业务聚焦在人们健康状况的自我改善上，会不会真的有人期待去医院呢？

- 医院是否可以通过移动应用软件、各种课程、增强现实或虚拟现实手段等，更加深入地指导我们的日常健康管理？

- 如果人们能成为付费会员，并为这样的会员身份自豪，这样的医院会是什么样的？

医院是否真的能够按照这些思路进行改革？我们无法预知所做的这些反事实思考会通往何处，但想让想象更加高效，我们一定要忽略最初因把各种元素拼装在一起而感受到的怪异，去享受挖掘相似性、寻找可能性的种种乐趣。

拓展广度与深度

重新思考的艺术中，还有一条是要拓宽思维的范围。这样做会让我们有更多机会探索事物的全部潜能。

这位首席执行官上一次工作是在水产渔业……

20世纪50年代，华特·迪士尼（Walt Disney）想象过如何能让公司多元化发展。图4-9展示了他的思考范围与广度。

10年之后，也就是到1967年时，他所筹谋的业务范围已经变得更加宏大了，包括在加州的矿物国王山谷建一个滑雪度假胜地（这个项目未能完工），以及商业帝国的一系列其他组成部分（参见图4-10）。

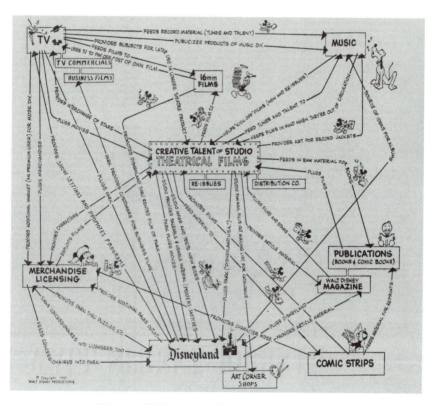

图4-9 华特迪士尼公司的业务协同图表，1958年

该图由迪士尼工作室的一名艺术家所绘。该图首次出现于1958年《华尔街日报》上米切尔·戈登（Mitchell Gordon）的一篇报道《迪士尼的疆土，华特的盈利模式：梦想、多元以及从不放过任何一个角度》，主要讲述迪士尼公司的各个部门是如何互为补充的。

图片来源：华特迪士尼公司 © 1957 Disney

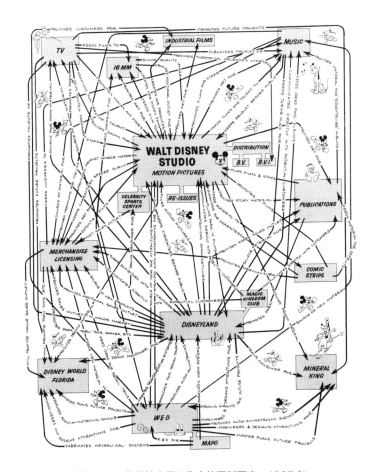

图 4-10　华特迪士尼工作室的更新图表，1967 年

这个修改后的图表出现在 1967 年 7 月的杂志《迪士尼世界》中。对该图表的描述中有这样一段话："媒体头版的一篇文章，通过大量细节描述了华特迪士尼公司的各个业务部门是如何在创意与营销方面做到协同、互为补充的。一个类似于此图的迪士尼图表有助于用图形化的方式把故事讲清楚。"

图片来源：华特迪士尼公司 © 1967 Disney

一个较小的想法要实现起来已经不容易了。不过当我们把想象范围扩大时，我们还会在重新思考的过程中拓展出新的发展机遇。举例来说：

- 简易版想法：成立一个动画制作影视工作室。
- 宏图版想法：打造一个拥有核心角色与故事的商业生态系统，把电影与周边产品、电视、音乐、连环画、主题公园、滑雪度假区关联起来。

———————

- 简易版想法：把客户调研与广告引入 20 世纪 40 年代的银行业。
- 宏图版想法：以大众商品的思路重新定义银行业——日常管理费用较低的连锁营业网点；降低产品价格；通过持续性的产品宣讲、媒体、广告等活动去改变成百上千没有任何证券购买经历的人们的想法。

我们如何才能拓展自己思维的广度与深度呢？一个技巧就是去回想历史中的变迁，在脑海中重现我们如今习以为常的那些事在当年的新颖之处，然后再去问自己接下来应该用什么样的想法来继承它。

以我们现在非常熟悉的度假这个概念为例。这个概念现在看上去稀松平常，但对于生活在 18 世纪以前的人来说，可以说匪夷所思：穿过半个地球只是为了去看一个古旧的建筑或是为了躺在一个沙滩上。一个人需要有多大的勇气、多大胆的想象才能把这个概念宣扬成一件极有诱惑力的事啊，更别提还要让人相信未来每年都会有数百万人愿意花钱去做这件事了。只不过我们知道，这个看起来异想天开的人所说的事后来都真实发生了。

就像哲学家约翰·阿姆斯特朗对我们所说的，从这个例子可以看出："当我们回望过去时，可以看到当时许许多多的事有可能让世界发生翻天覆地的变化，但那时的人们意识不到。现在我们知道了。但我们忘了告诉自己的是，后之视今，亦犹今之视昔。我们可以把很多巨大的改变带到世界上来，但这些改变并非人人都能谈上几句的所谓趋势，而是那些还完全看不出端倪的事

我们可以去告诉他们，有一天，会有上百万人花钱离开自己的国家就是为了

去海滩上躺一躺——但他们一定会笑的。

图片来源：戴维·特尼尔斯（David Teniers the Younger, 1610—1690）所作的《酒馆场景》（*Tavern Scene*），1658，美国国家艺术馆友情提供，华盛顿

情——听上去完全不着边际、过于好高骛远，但实际上完全有可能实现的宏伟蓝图。"[15]

50 年、100 年后的人们会怎样谈起这段历史，我们不得而知。但我们有能力去塑造它，我们应当敢于大胆地想象。今天我们按下不表的那些奇思妙想有可能正是未来人们眼中天经地义的一件平常事。

破解约束条件

在重新思考的艺术中，破除约束条件与扩大思考范围一样有价值。在这两种情况下，你都需要升级自己的反事实思考：调整思维模型，以便它能够向新的领域延伸，或是在出现阻碍的情况下依然奏效。

查尔斯·梅里尔希望把金融经纪服务带到中产阶层中所面临的一个重大阻碍是，他的这些新目标客户整体上对金融界保有戒心。梅里尔清楚地把这个制约因素——典型的美国中产客户面对美林公司的经纪人或接待员会有什么样的反应——用细节生动地描述了出来："当我们把某个公司的经营报告给到一名客户时，他可能不会告诉我们他的心理活动，但他脑海中其实充满了好奇与怀疑。整个过程中他把一半的思绪都花在这些问题上——'这份报告的可信度有几分？背后有什么目的？为什么这个接待员要把一家我从未听过的公司情况与数据拿给我看？他有什么动机？'"[16]

解决信任缺失这个制约因素成了他优化思维模型的一个动力，要把自己的想法与现实更紧密地结合。梅里尔围绕如何取得客户的信任想象了很多变革措施：向经纪人支付月薪而非佣金，与客户共享所有信息，主动公布银行的年度企业金融数据（当时没有一家银行这么做）。

在形成思维模型的过程中，可以针对制约条件向自己提一些有待解决的问题。比如：

- "我想让现磨咖啡成为常态。需要怎么做才能解决人们习惯于马上喝到咖啡的问题？"

- "我想建一家人们热切希望前去的医院，就好像去健身房一样。怎么做才能让人们克服对去医院的反感，特别是在他们并没有生病的时候？"

- "我们想建一个主题公园。怎样才能解决大多数游客负担不起跨过半个国家前来游玩时的旅行费用这一问题？"

这是我们为客户提供的新服务。

整合各个部分

掌控思维模型的最后一步就是要退一步，把所有的元素连接起来。这么做可以帮我们看清哪些是核心元素，哪些元素有赖于这些核心元素，并找出想法中的缺口。

使用由亚历山大·奥斯特瓦德（Alexander Osterwalder）提出的商业模式画布十分有用（参见图 4-11）。[17] 或许你对自己想要重新构想的公司、想要开发的产品与服务以及搭建的商业模式是什么样还没有全部答案，这个模板可以敦促你从不同方面对自己的构想进行思考，并以一个统一的整体来看待它们。

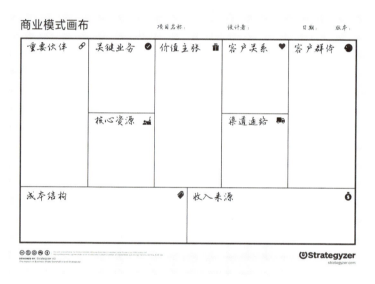

图 4-11　商业模型画布，思维模型的模板

图片由 Strategyzer 公司友情提供，2020

在重塑美林公司的过程中，梅里尔在公司的讲话中经常会把各部分想法关联起来，形成一个连贯的图景（参见图 4-12）。

开发可替代的思维模型

培养多向思维

重新思考的艺术中，另一个方面就是要允许自己同时探索多重思路，创造多种选择。这些思路是否相互冲突并不重要。就像 F. 斯科特·菲茨杰拉德（F. Scott Fitzgerald）所说："检验一流智力的标准，就是看头脑中是否能同时存在两种截然相反的想法，并且在此情况下大脑仍能正常工作。"[18] 我们把具有这种能力的思维称为"多向"思维。

欧洲中世纪时期，大学体系诞生时，这种思维备受推崇。当时教育的主要方式并非单向传授，而是围绕某个有争议的话题进行辩论。采用这种方式的主要目的是让参与者尽可能宽容地对待对方的思维模型。最令人敬仰的学者能够在脑中持有两种相反的观点，还能比这些观点的拥护者更清晰地对其进行阐述。举个例

图 4-12 查尔斯·梅里尔对未来银行所构想的思维模型关系图

图片来源：经美国运筹与管理学会（INFORMS）准许再版，出自乔瓦尼·加维蒂（Giovanni Gavetti）与阿诺普·梅农（Anoop Menon）的《进化与机构：具有战略远见的模式》（Evolution Cum Agency: Toward a Model of Strategic Foresight）。刊登于《战略科学》（Strategic Science）期刊，2016年第1卷第3期；经版权结算中心（Copyright Clearance Center Inc.）许可后使用

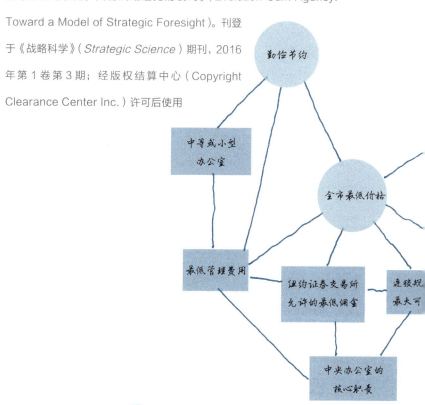

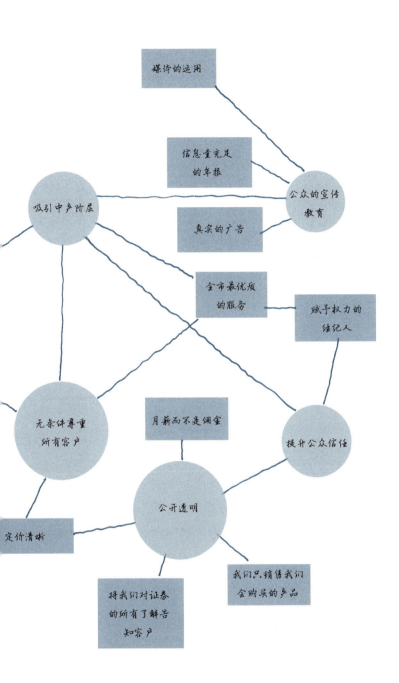

子，当时最知名的学者托马斯·阿奎那（Thomas Aquinas）陈述了一个反对神存在的观点："如果处在对立面的两个事物中有一个无穷大，那么另一个就应该会被摧毁。但上帝代表了无尽的仁慈，因此如果说存在上帝，就不应存在恶。"[19] 他的论证如此简洁有力，许多无神论者在启蒙运动时期都引用他的话来证明自己的观点。

当我们缺乏类似的多向思维时，那些与我们最喜欢的思维模型相反的想法中蕴藏的全部潜力便也与我们无缘了。举一个商业案例，现已停产的宝丽来公司（Polaroid Corporation）未能充分利用数码相机的原因之一是公司主要是由化学家主导的。[20] 他们的世界观主要围绕胶卷而来：一种能够对光产生化学反应的材料。对他们来说，曝光与冲洗胶卷才是摄影的终极要义。告诉他们摄影可以通过计算机来完成，无异于告诉一个厨子药也能当饭吃。这是一种完全不同的思维模型。在宝丽来公司，旧的思维模型也是他们商业模式的基础：照相机利润并不高，属于一次性销售，公司主要是从胶卷销售中获利。所以公司领导层并不愿意去深究那些与此战略相左的思维模型。[21]

如果宝丽来公司的领导者能有一些多向思维，也就是说如果他们在保留以化学为基础、胶卷为核心的思维模型时，还能在脑中多做一些假设，该公司可能就会走上全新的发展道路。

多重思维模型并驾齐驱的价值在于：一方面，它对孤注一掷的某种预期形成了风险对冲；另一方面，能够让人在更广阔的范围内深入摸索，而且还能让人同时在这两方面表现得游刃有余。

平衡好自负与自谦

重新思考的艺术要求我们（在脑海中）推翻现行世界中存在已久的部分，相信自己的思维模型可以改变现实。但它同时也要求我们能够认识到思维模型只是想法而已，不够完美，时常像一团乱麻，甚至实现的可能性不大，因此我们还需要多拓展一些想法。这就要求我们在极度的自负与自谦间找到平衡点。

生物学家西蒙·莱文（Simon Levin）是数学生物学界最早的顶级专家之一。对于适当的自负在想象力中所起的作用，他与我们分享了一些看法："大多数人觉得自己给不出什么新的想法，只是参考别人，看人们怎么做。在某种程度上我们都是如此。但是我们需要足够的自负让自己愿意去提出想法、相信它们，并能够灵活地推动它们，使其得到一定程度的发展。"

这么做的危险在于，如果不能以一定的谦逊去调和这种自负，很容易让人成为"那种由于内心缺乏安全感而听不得其他想法的人，也就是如果不能把自己的想法推行下去，就会觉得自己被人小瞧了三分"[22]。莱文回忆道：

> 对我产生过深刻影响的人中，有一位是已故经济学家肯尼斯·阿罗（Kenneth Arrow）。他是这样一个人，当你有问题去找他时，他总会这么说："哦，对此我不太了解，所以我很有兴趣听一听。"他的专业造诣极高，但为人非常谦逊。我们需要像他这样不以个人成就为傲，对交谈中的另一方保持尊重的人。我能想到的很多人恰恰不是这样。大概是因为内心不够强大，他们会执意强行输出自己的观点。在我看来，这样的人想象力是不够的，因为他们不愿意从新的角度去思考某些成体系的东西。[23]

要平衡自负与自谦，需要牢记两条原则：让一方去调和另一方，不让任何一种情绪走向极端；要让你先跟着一种情绪走，然后换另一种情绪。有些时候，需要让自负的一面帮你去推动某个想法，而有些时候，需要让自谦的一面帮你以开放的心态去听取批评意见。

是什么阻碍了重新思考？

商业中有一些常见的因素会阻碍人们把最初感知到的意外转变成强有力的、全新的反事实思维模型。

对想法缺乏耐心

一个常见的阻碍因素是，人们在一个想法发展成熟前对它在早期阶段的不合理性缺乏包容。这指的是人们没有耐心坚持挨过初期讨论阶段的不确定性与新理念所招致的怀疑。解决方法：在一个想法出现的早期阶段，暂时不要去评判，因为与后期它们可能呈现的模样相比，这个时期的想法不可避免地会看起来令人困惑、缺乏价值。

寻求归属感

虽然强烈的归属感是建立一个有凝聚力的公司非常重要的一点，但如果它抑制了人的创业主义精神，就会成为一个有害因素。当我们把融入集体的愿望置于一切之上时，集体对于事物运作方式的看法就会对我们造成过度的影响，让我们失去自己的独特视角。解决方法在于，我们要重视或者至少要容忍偏离常规的一些想法，即使某个想法没什么价值。这种态度也会给人们释放出一个信号，那就是作为公司的一员，有时就是要做一些离经叛道的事。

维护现状

另一个阻碍是，在新出现的理念面前，人们总是倾向于维护熟悉的事物，而且常常只是以理性为名。这种防御性行为的背后常常是恐惧：

- 害怕重新思考太过困难，只是在浪费时间；
- 害怕试图去重新想象已经成熟完备的事物会让自己显得很蠢；
- 害怕重新构想某件事的结果会让自己的地位不保。

这个障碍很难消除，因为造成人们想去维护现状的焦虑感往往根深蒂固。一个解决方法就是通过扣人心弦的故事进行沟通，这点我们会在第六章讲述。另一个办法是要对具有想象力的企业方案表示赞赏，一方面减少人们对后果的担忧，另一方面体现出公司对重新思考的支持态度。

着眼于实际

当人们越发习惯于做贴近实际的事时，另一个阻碍重新思考的因素就出现了——人们更愿意关注能够马上行动起来的事，走一条显然比较安全的路。从这个角度来说，人们认为重新构想一件事的风险太大了。对他们来说，着眼于实际自有其好处：它的诱人之处在于这种做法暗示了一种一脚踩在实处的踏实感，而非一头扎进未知的虚无。谁有胆去提议，让人们放弃一条稳妥的道路呢？问题在于我们以为稳妥、安全的事物不会永远如此。你可能会发现，如果在今年重复熟悉的套路将会是件灾难性的事。新冠病毒可能会到来，你如果从来没有离开过从前的思路，就无法做好应对的准备。更常见的情况是，年复一年地做从不出格、可马上操办的事，反而会使你逐渐走上一条下坡路。按部就班感觉像一条更加稳妥的路，但这种想法是基于一个错误假设得出的谬论，因为事实可能并非如此。

解决方法是要能明白，长远来看，就算是最稳妥的成功之路也免不了需要对企业进行重新想象。每个人都希望自己的下一步能踩在实处，但在一个风云变幻的环境中，很难找到一片永远稳固的土地。因此，重新想象、重构思维模型其实避无可避。

推荐游戏

与同事玩一些设计精巧的游戏能够帮我们把思维从看待世界时习以为常的方式中解放出来。我们在与客户的沟通中使用过这些游戏。我们发现，一个讨论若以游戏开场，相比别的方式，常常能取得更好的效果，获得更多深刻的见解。

游戏一：颠倒业务顺序

想想你现有的业务模型，明确业务主要基于什么样的假设。举例来说，一家汽车制造公司的业务模式是基于以下假设的：（1）人们想要买车；（2）车会在工厂进行生产；（3）公司提供给客户的主要是汽车；等等。然后改变一下这些假设，可以进行逆向想象，也可以做彻底修改。以这些逆向假设为基础做出最好的业务方案设计。

举个例子，上述假设修改后，可以是人们只会租车（即公司提供的是服务，而非产品），也可以是车辆或零件由3D打印而成，且以去中心化的方式进行组装。

这么做的意义在于让人通过延展思维，创造一些对未来可能有参考价值的想法。而且即使这些想法当下看不出来有什么用，让现有的商业思维模型活络起来对于随后探索更多的可能性也是件大有裨益的事。一个看上去显然比较荒谬的想法可能事后证明确实不可行，也可能只是你从现有的商业思维角度去看有些陌生与不适。但如果从一开始就没有做过反事实思考，你就不会发现那些虽有些别扭却颇有价值的想法。

这个游戏有两种预期结果。第一，可以帮你对现有商业模式是基于什么样的假设做出清楚的描述。第二，倒转公司业务，从逆向角度给出想法，它们或许可以指向新的发展道路。

游戏二：解决更大范围内的问题

第一步，搞清楚你的公司解决的是客户生活中哪方面的问题。比方说，亚马逊的目标是"解决购物的问题"。它找准了客户生活中的一整个领域，然后致力于帮助客户解决该领域中的所有问题。你的公司如果是一家面向终端客户的公司，你回答的领域可能是"交通"、"居住"、"规划"、"情感发展"或"休闲娱乐"。如果你的公司面向的是企业客户，你回答的领域可能是"对外关系管理"、"实物资产维护"或"员工幸福度提升"。

第二步，忘掉你们公司现在所做的事与提供的产品或服务，想一想你的客户在生活中涉及的这整个领域，并把这方面生活中存在的所有摩擦、烦扰、挣扎、希望、欲望与风险都列出来。举例来说，假如你运营着一家银行，你可以想一想人们有哪些与钱相关的问题与需求，比如财富管理不得法、财富焦虑需面对、要对小孩进行财商教育、为了钱做过的让自己后悔的事、想了解为什么而储蓄等。

第三步，不管你们公司或任何其他企业是否已经解决了这些问题，依然去想象对应的解决方案。举个例子，如果你有一家房地产公司，你可以说你们"解决居住的问题"。这个概念暗含的意思是你们不只是帮人们买卖房屋，还可以提供相关服务，我们目前把这些服务归类为室内设计、房屋建造、贷款分期、食宿娱乐招待、旅行等。你可能会想象出新的服务，比如帮助客户决定搬家的时机，或是帮客户捋清楚在他们所处的生命阶段与期待中，真正希望家能实现什么功能。把客户的每一点困扰与渴望都当成一个契机，去想象应如何改变你的公司以及公司所能提供的产品与服务。

这个游戏的预期结果是你对公司的整体想法会发生变化——明确你们解决的是生活中哪方面的问题，并把有望成功的新产品与新服务的相关想法列出来。

值得一问的好问题

以下是对重塑企业、形成新的思维模型非常有用的一些问题：

- 我们现有的商业思维模型是什么？

- 这个思维模型是基于什么未曾言明的假设？

- 导致我们的现有思维模型无法发挥更大价值的主要制约因素是什么？如果我们放松或解决这些制约因素会怎么样？

- 我们的业务与什么比较相像（我们从世上其他事物或从历史中能借鉴些什么）？如果做个横向对比，会想到哪些新的可能性呢？

- 我们最有创意的竞争对手的思维模型是什么？我们能从他们身上学到什么？

- 如果在对业务进行重新思考时，我们能再自负一些，或者再谦逊一些，会是什么结果？

组织机构诊断

如第三章一样，我们能够对自己的组织机构进行评估，看看作为企业领导者，我们所营造的是不是一个有利于重新思考的环境。这个练习能够帮我们看清自己所处的位置，以及下一步应该关注本章所述的哪些举措。

	相关举措	从不（1分）	极少/少于一年一次（2分）	有时/每月到每年一次（3分）	经常/每周到每月一次（4分）	一直如此/每周多次（5分）
员工讨论起自己的想法与观点（思维模型）时，将它们当作一些假设，随时可以修改与调整。	要记住想法并非现实					
总体来看，员工对新想法的反应是想要试着去改进它，而不是抵杀。	请记住思考不花一分钱					
公司的人对于早期未成形的想法有足够的耐心。	一切始于混乱					
员工常常问"如果会……"的问题。	把玩各种假设					
公司的人会半开玩笑半认真地谈一些可能发生的重大变化（有关这个世界或有关公司的流程、产品或战略）。	拓展广度与深度					
员工会从多种角度甚至相互冲突的角度探究某个主题，分析或做决策。	培养多向思维					
总分						

把总分加起来后，你会看到你们公司现在的情况：31~35分，优秀；21~30分，良好；11~20分，中等；0~10分，差。

你可以访问 www.theimaginationmachine.org 去对比自己与其他公司的得分。

20 世纪 40 年代，在乐高集团成立初期，创始人奥莱·柯克·克里斯蒂安森与他的儿子戈德弗雷德见到了英国玩具制造商希拉里·费舍尔·佩奇（Hilary Fisher Page）发明的塑料积木块（参见图 5-1）。

图 5-1　Kiddicraft 公司的塑料积木

　　克里斯蒂安森决定要做一款类似的积木玩具，一开始只是对

Kiddicraft^① 公司的积木块做了一些修改，把圆角改成了直角，并调整了积木块的大小。¹（参见图 5-2）

图 5-2　乐高自主组装积木（Automatic Binding Brick）

图片来源：© 2020 乐高集团

乐高公司的历史记载中是这样描述的："20 世纪 50 年代末，乐高集团联系到了 Kiddicraft 公司，询问对方是否反对乐高推出积木块产品。对方表示并不介意。不仅如此，对方还祝乐高集团在这款产品上能有好运，因为他们并没有在这款产品上取得多大的成功。"² 从那一刻起，两家公司走出了完全不同的轨迹。乐高集团的执行董事长给我们讲了这样一个故事：

那还是在 1958 年，新任总经理戈德弗雷德·柯克·克里斯蒂安森与乐高的德国销售子公司总监坐在办公室里，从这位总监口中得知他们收到了许多客户投诉，称这些积木块

<hr />

① Kiddicraft 是英国玩具制造商希拉里·佩奇创立的公司，插接积木最早由该公司创造。——译者注

太容易散架了。针对这种情况，两人探讨了很久，进行了大量的头脑风暴。其间某个时刻，戈德弗雷德找来了一张纸——这是设计师用的产品图纸，上面有一些圈圈，呈现的是乐高积木块从上方视角看下去的样子——一个在积木块内部加上连接用的穴柱的主意在他脑中勾勒成形。

你的"斧头"就这么容易散架吗？

当天，他把这个草图交给了注模车间主管，让对方做出了一个样品。在回家的路上，他还在琢磨这件事，认为三个内置穴柱应该比两个效果更好。于是第二天一早他就来到注模车间，把现有的材料进行切割与黏合，做出了另一款样品。然后他把这个设计通过快递寄到专利局。从一次谈话到穴柱结构拼插积木块的专利申请，只用了 5 天时间，而这个玩具也奠定了公司未来的发展基础。[3]（参见图 5-3）

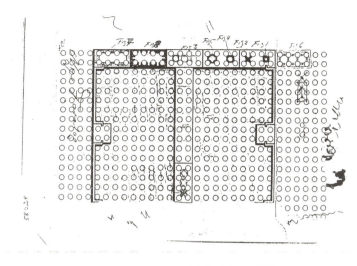

图 5-3　乐高积木最初的穴柱咬合原理草图

图片来源：© 2020 乐高集团

　　Kiddicraft 与乐高这两家公司奉行的是两种截然不同的行为哲学。Kiddicraft 寻求的是在市场上检验某个想法的可行性。作为一家极富创造力的公司，Kiddicraft 拥有的玩具种类繁多，它认为积木块的市场表现算不上成功，因此把注意力投向了其他产品。而乐高公司寻求的是充分利用它所接收到的意外信息，这里我们说的是积木块太容易散架的相关评论。乐高锲而不舍，反复迭代，而且一直对意外以及意外可能引发的再度思考保持开放的心态。它的产品根基变得愈加牢固：在自然条件的制约范围内（即重力影响）有了更广阔的使用空间。它把想法与行动相结合，围绕自己的产品形成了一个二次想象的闭环，不断推动公司发展成为一个价值数十亿美元的企业，而这一点是 Kiddicraft 公司所欠缺的。

• • •

一个新的想法如果不能落实到行动上来，即与现实去碰撞，让想象得到重新激发，推动想法不断完善，那么它也不过是某个人的恣意妄想而已。接下来，我们会看一看如何把一个想法从大脑中带到现实世界，再从现实世界回到大脑中，从而在现实世界与大脑的想象之间建立一个反馈回路。

本章将会研究我们为什么需要行动、如何通过行动促进想象，以及有哪些阻碍行动的因素。同样，本章也会提供一些可以增加行动能力的游戏和一些值得一问的好问题，还有组织机构诊断表，帮忙我们从这个维度来评估自己的企业。

章节概览

我们为什么需要行动？

行动是如何促进想象力的？

    重新聚焦

-   保持一点偏执
-   创造学习之旅

    更换环境

-   到访相关环境

    探索

-   尽早去探索
-   有选择地去探索
-   在玩乐中探索
-   迭代式探索

是什么阻碍了行动？

    忽略意外

    不去做迭代

    对许可的依赖

    过分强调分析与推理

    不愿放手

推荐游戏

    游戏一：新闻头条

    游戏二：100 美元

值得一问的好问题

组织机构诊断

我们为什么需要行动？

我们为什么需要行动？提这种问题似乎有些奇怪，毕竟商业活动关注的就是行动。但是如何行动，或者说如何让思想与现实世界进行碰撞，却有许多方式。乐高集团的例子让我们看到，正确的思维方式能够让一个永远无法充分释放潜力的想法变成一趟充满奇思妙想的旅程，通往一条独一无二的发展之路。

有两种思维方式可以落实到行动上来。一种是把想法变成现实或以某种方式进行测试，以此来验证该想法的可行性。这么做时，通常这个想法只是需要进行试验的诸多想法之一，比如Kiddicraft公司，它的产品种类非常多，包括自锁式积木块、塑料鸡蛋、镶嵌式拼图、串珠玩具、微缩商店等。这种行动方式就像一棵树把千千万万颗种子随风散播到各地，希望其中的某些种子能够找到合适的土壤生根发芽。它寻求的是来自现实世界一个最基本的反应：这个想法行——种子生长了，还是不行？

另一种思维方式是去探寻意外。这种思维方式充分利用了我们的想象力，不仅体现在产品概念的孕育阶段，还体现在后续不断的迭代更新中。我们从现实世界中寻求反馈，通过这些反馈刺激我们再次想象，一个想法在这样的过程中便不断被完善。克里斯蒂安森得到了积木块的拼接不够牢固的反馈，于是坐下来在草图上画出了各种可能性，并在当天对这些想法加以试验。这种思维方式下的人们，从世界中寻求的并不是一个二元的答案——这个想法行或不行，而是希望这个世界打破我们的思维惯性。面对纷繁复杂的世界，这种思维方式弥足珍贵。我们常常会忘记世界之大，学无止境，我们对这个世界的认知还很有限（参见"行动哲学"模块的内容）。

上述两种思维方式并不是相互对立的。我们应当既有验证的思维，也有发展演化的思维。危险在于当我们与世界互动之时，我们会忘记去接纳意外，只习惯性地陷于正误的勘验。当我们勇于接受意外，我们就为再次想象建立了一个闭环，让行动去触发意外，激发二次想象，然后再次行动，这样思维与现实之间就形成了不断的相互作用，大大加速了想象力的生发。（参见图 5-4）

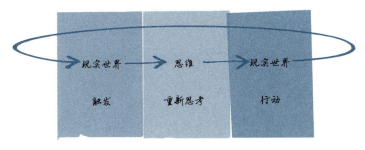

图 5-4　重新想象的闭环：将思维模型付诸行动会促使人进一步重新思考

行动哲学

如神经科学家沃尔特·弗里曼所述，关于大脑是如何与世界相关联的理论大多出自两种理念，而且这两种理念均源自古希腊。[a] 其中一种是柏拉图的传统，这种理念认为行动似乎并无可为。柏拉图关注的是通过理性思考去发现世界中永恒不变的真理。在柏拉图每本书的开头，主人公苏格拉底通常只是四处走走，找一个安静的地方坐下来思考。他的书中涉及行动的地方也就到此为止了。在柏拉图的思想中，思维对感官世界的感知是一种被动行为。世界的存在形态（信息）进入我们的感官，由我们的思维将其与理想中的形态（规律认知）进行比较。直到几十年前，这种理念仍广泛地应用于大多数认知科学。[b]

　　还有一种理念来自柏拉图的学生亚里士多德。这种理念把行动视为我们感知与连接世界的核心。如弗里曼所说，在亚里士多德看来，理解的过程"需要通过探究、切割、燃烧等行为深入现实世界，通过控制事物的形态、质地、重量以及外形去了解它"[c]。这个观点与亚里士多德的个人处事风格如出一辙。为了撰写《动物史》一书，他解剖了诸如变色龙与蜜蜂等许多动物，对它们的内部结构一探究竟。在不断摆弄各种事物的过程中，他得以遇到许多意外——那些或许从未有人注意到的事："如果一根头发断了，它不是从断面开始生长的，而是从根部向上生长才变长的。"[d]

我想借一只蜜蜂。

亚里士多德强调，任何思维活动都与行动密不可分：每件事的意图都是基础，因为它决定了后续发生的一切。[e] 这一理念越来越多地体现在近年的认知科学中，特别是"具身认知"理论，它研究的是我们在环境中如何通过行动塑造思维与感知。我们现在知道，当大脑在酝酿某个行动时，它会把多项设想好的运动指令传达至大脑皮层，也就是说，我们意图做什么决定了我们如何看待世界。[f]

好吧，杰瑞，我们还是去拿操作手册吧——
我觉得咱们折腾得够久了……

不过上述两种观点都与想象力的关系不大。另有一种观点是由托马斯·阿奎那在亚里士多德的理论基础上提出的，它对想象力与行动之间的相互关系做出了解释。在阿奎那看来，我们在与世界互动的过程中产生了一些他称为"心象"（phantasms）的感觉印象。与柏拉图理论及大多数认知科学不同的是，阿奎那并不认为这些感觉只是简单地把事物以各种形式传递到我们的意识中。相反，他强调的是这些感觉的独特性与瞬时性，就像光在水面泛起的一点亮。每一个"心象"或每一刻的体验都在我们脑中或者说想象中出现的各种思维模型之间做选择。当我们在现实世界中有所行动时，想象力就会不断生成或再生成我们运用到的思维模型，直到它们变得更加精巧、丰满，更加无限接近现实所蕴含的丰富内涵与深度。[9] 有研究对他的这一观点形成了支撑。该研究表明我们的大脑会制造出神经元活动云，即"波包"，它们是感官数据的选择结果，而非由感官数据生成。[h] 我们甚至可以把波包的出现解读为想象中的思维模型正在与现实世界——接收到的感官数据——发生碰撞。

　　阿奎那的理论告诉我们一个非常重要的道理。由于世界的复杂程度远超我们大脑的承载，我们便创造出一个服务于自己的内在世界，而这个内在世界之所以会不断发展，变得行之有效，是因为我们有行动。中世纪的拉丁文中"intendere"一词充分捕捉到了这个内涵，它也是英语中"意图"（intention）一词的词源。它包括两层含义，一层是"把自己推向现实世界"，另一层是"为了更加充分地理解"。我们的思维模型无论是更偏向于与现实接轨，便于对事物做出解释，还是更偏向于理想化，便于创造更多可能性，都是通过行动——把自己推向现实，从各种层面激发出意外——才变得更加精妙、强大、有效用的。

注释

a. Walter Freeman, "Nonlinear Brain Dynamics and Intention According to Aquinas," *Mind and Matter* 6 (2008): 207–234.

b. Walter Freeman, "Neurodynamic Models of Brain in Psychiatry," *Neuropsychopharmacology* 28 (2003): S54–S63.

c. Ibid.

d. Aristotle, "The History of Animals," Classics Archive, http://classics.mit.edu/Aristotle/history_anim.mb.txt.

e. Roger Crisp, *Aristotle: Nicomachean Ethics* (New York: Cambridge University Press, 2000).

f. Freeman, "Neurodynamic Models of Brain in Psychiatry."

g. Freeman, "Nonlinear Brain Dynamics and Intention According to Aquinas."

h. Freeman, "Neurodynamic Models of Brain in Psychiatry."

行动是如何促进想象力的?

　　如果你大脑中有个想法正在酝酿，你能够通过哪些行动将它与现实世界进行碰撞，进而产生新的意外，进一步刺激想象呢？在本书第二章中，我们探讨过碰到意外之后我们是如何进行重新思考的。除此之外，还有其他一些涉及与现实世界接触的行动，包括：重新聚焦（改变关注点）、进入一个新环境（改变自身的位置），或是深入探索环境（改变这个世界）。（参见图 5-5）还有一个行动就是沟通，它能够把想象力上升到社会层面，这一点我们会从下一章起进行探讨。

哈，哈！

哈，哈哈，很好笑吗。快别逗了，
你们这群家伙……

重新聚焦
把酝酿中的思维模型迁移到现实世界中有一个很微妙但很有

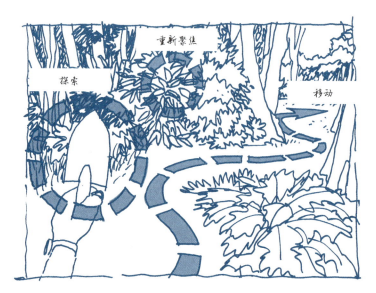

图 5-5　对于初期想法应该做些什么：将想法带到现实中的方式

力的方式，那就是转移焦点——刻意改变你感知事物以及信息在脑中过滤时的焦点。

保持一点偏执

重新聚焦的一个重要技巧就是以你的思维模型为视角，透过它去看待你所碰到的所有事物。我们可以称之为"偏执"：一种痴迷于透过新思维模型去看世界的有益的执着。我们在第三章中提到过，共享租车公司 Turo 的灵感来自公司创始人谢尔比·克拉克从 P2P 贷款服务公司 Kiva 借鉴的思路。这样的借鉴之所以取得成效，是因为克拉克深深地着迷于 P2P 业务模式："Kiva 是让我第一次见到（把线上服务）与线下打通的地方。这种把人从线上与线下连接起来的概念对我极具冲击力。所以我总是在想，'这种有趣的做法还可以运用在其他什么地方吗？'比如住房。这是我当时进行过大量思考的领域。"[4]

"我在思考任何可以运用点对点模式的事情"，在这一点上，克拉克显示出了一种偏执的状态。当他把注意力转移到这个思路上后，最终碰到的一个意外事件激发了一个全新的反事实思维模型：共享私人汽车的点对点业务。

假设你在重新思考一家医院可能是什么样子，你可以刻意做一些有益的偏执练习。比如你可能会读到一篇关于航空公司试图与客户建立信任的新闻故事。这个故事可以激发你去思考如何围绕一种新型的健身医院商业模式获得客户的信任。或者，你也可以与同事聊聊天，谈一谈度假的事。这也可以促使你去思考，你的新型健康公司如何能与度假相关联。再或者，你可能在读一本关于拜占庭帝国的书，它可能会让你联想到医院的官僚体系中哪里出了问题，以此类推。把你的新思维模型当作一切事物的滤镜，它会带来新的意外，进一步帮你在想象中推动这个思维模型不断演化。

创造学习之旅

另一个把萌芽中的想法与现实进行碰撞的方式就是为你关注的信息创造充分的信息来源。这一目的的达成往往是个自然而然的过程。我们如果为某个主意感到兴奋不已，或许会订购相关书籍，或者与同事进行探讨。不过我们也可以通过更加系统性的方式，根据自己思维模型的发展阶段为自己创造一个"学习之旅"。

为了更深入地了解你的思维模型所涉及的核心内容，遇到更多有利于激发想象的意外机缘，不妨为自己构建一套学习体系。首先，在你正在研究的思维模型中选定一些核心主题。然后，想一想与这些主题相关的有哪些关键领域的知识。

举例来说，假如乐高集团发明穴柱结构的积木块后由你来担任公司领导者，你对公司未来所做的设想中可能会涉及如下主题：玩耍、塑料、重新组合以及连续性（即不同时代的所有乐高产品均可兼容）。（参见图 5-6）在此基础上，你可能会选几个方面的知识进行深入研究，比如游戏心理学、塑料化工，或是那些打造出可以让产品系列长期实现兼容的公司。

图 5-6　关于乐高未来的新思维模型

你也可以敦促自己打开思路，在更大范围进行思考。你可以从历史中选取一个与你的理念有某些相关性的先例，比如"中国古代的玩具"；也可以寻找一些与你酝酿中的想法有相通之处、富有想象力的创作（艺术、电影、诗歌、小说），比如一些儿童故事或是一篇关于发明者的小说；甚至还可以关注你的思维模型之外的知识领域，如桥梁工程、颜色科学或重组进化，或许可以从中找到有借鉴价值的类似事物。

当你重新聚焦于这些领域时，目的并不是去寻找马上用得到的知识，而是去创造源源不断的信息流，使其与你的思维模型碰撞，擦出能够促使你发现新意外、展开新一轮思考的火花。

更换环境

除了转移关注点，将思想与现实进行碰撞的另一种办法就是换一种环境，把自己沉浸在一个不同的地理环境或社会（客户）环境中。

到访相关环境

通常，一个项目中负责创新与战略思考的人往往并不是那些身处方案落地执行环境中的人。但是有一点却很重要，那就是负责方案构想与创新的人一定要直接下场、亲身参与，而不是借用别人过滤后的二手体验。由他人进行过滤或总结会降低意外机缘出现的概率。

1963 年的波士顿咨询公司（BCG）还是一个只有两名员工、办公室不过十几平方米的公司。公司创始人布鲁斯·亨德森（Bruce Henderson）当年便吃了一个这样的教训。BCG 最初接到的项目中，有一个客户咨询的是"办公室中的购买影响力及纸张的使用规律"（用亨德森的话来说，"我们真是穷疯了"）。项目需要做的一部分工作是调研采访，他们把这部分工作委托给了别人代办。"我们把这部分采访工作外包给了一些业内的自由职业人士。为了验证收到的信息的准确性，我们抽样做了一次重新采访。结果发现，我们所要求的数据是很真实地提供给我们了，但一些重要的见解却被忽略了。其实我们的客户并没有要求提供这些我们了解到的重要情况。"[5]亨德森团队拿着客户的简要要求，把它们交给这些自由职业者去做采访，然后这些自由职业者把客户要求的相关信息反馈给他们。在这个过程中，亨德森团队错失的是采访的某些时刻出现的可能促使他们重新思考客户需求的机会，即决定整个项目方向的思维模型。只有他们亲自去做采访，才有可能获得这些意外的见解。

沉浸在一个新的社会与地理环境中会加速思维模型的发展。举个例子，研究人员在研究挪威电信运营商 Telenor 新产品的起源时，发现该公司许多产品的概念都来自常年身处研发部门之外的那些人。公司最成功的服务之一，即巴基斯坦一个名为"Easypaisa"的移动支付系统，最初源自某个去那里参观访问的人。据研究人员所述："我们在 Telenor 的许多产品理念中都发现了这一点——它们都源自与市场工作紧密相关的人。"[6]

我们选择去某个环境中待一段时间时，应该考虑能与我们的思想进行碰撞的那些极端环境——对某个新事物需求最旺盛的地方，或是制约条件最苛刻的地方。比如：

- 一家糖果公司的首席执行官可以考虑在全球范围内（城

市、郊区、村庄）寻找巧克力销量暴跌的地方。他可以观察这些环境，观察哪些群体是公司将要重新赢得的客户，并在此过程中仔细思考自己对公司未来发展方向的想法。

- 一家有志于改革办学体系的教育公司，可以把产品开发部门的主管领导派到全国范围内好至蓬勃发展、差至步履维艰的各种学校去旁听。

- 一家工业工具制造企业的首席执行官可以去参观工地，与现场人员聊一聊她认为 3D 打印、分布式生产工具的思维模型有哪些优点与缺点。

- 一家航空公司的首席技术官可能对如何改进机场候机室的运营有些想法。他可以花三天时间去到各种不同的机场候机室，并完成一些常规工作，再停下来反思自己的想法有无进展，如此轮番进行。

探索

思想与现实进行碰撞的另一种方式是通过塑造或探索这个世界——去创造或试验——获得反馈与意外信息。

尽早去探索

把产品进行试验，这个概念并不陌生。但早在我们刚刚勉强能拿出一个或许可行的产品之前，甚至脑中的想法还未清晰之时，我们就应该开始对世界进行探索了。因为我们的目的不是去验证一个成熟的想法，而是要进一步激发自己的想象力。让我们回到共享租车公司 Turo 这个例子中来，创始人克拉克一开始试行项目时，并没有意识到有什么是他马上就能做到的：

> 为了试行我的想法，我出去筹款，但我从投资人那里得到的反馈总是"想法倒是不错，但没人会来开我的路虎"。于是我自己花了 1000 美元建了一个很破的网站。当时还没有 Squarespace 等类似的网站构建设计工具，你需要花钱请个工程师帮你把网站建起来。之后我打印了一万份明信片，走上街头把它们分发出去。在这个粗陋的网站上，有一个用来注册汽车信息的小表格，除此之外完全无操作可言，也没有下一步可执行。但依然有 40 个人注册了自己的汽车信息。就这样，一个随意而为、看不见摸不着的想法突然有了实实在在的模样。[7]

这件事的价值在于它激发了克拉克的想象，也给了投资人想象的空间。通过早早地走出去探索这个世界（在这个故事中，就是随机过往的路人），克拉克开启了行动与再思考的循环，不断推动他的反事实思维模型得到完善。

克拉克的故事告诉我们，行动应趁早。不要被正式的流程与其他人的预期绊住脚，想清楚当下或本周内你可以做些什么，让你萌芽中的想法去与现实世界碰撞吧。

有选择地去探索

探索世界的另一种方式是有选择地把你思维模型中的某些因

素带到现实中来，你可以选择小范围地进行试验，也可以把想法中的一部分先进行试验。

举例来说，假设你是一家房地产公司的首席执行官，希望重新构想公司的业务。你有一个初步设想，认为房地产代理商应该更像一名活动策划人，能够把包括搬家的整个体验囊括进来：除了寻找合适的居所，还涉及装修、物流、财务规划等方面。如何才能将这个想法与现实世界进行碰撞呢？组织大规模的二次培训、上马试运行项目，这些都需要投入大量的时间，并且无法给你快速创造一个思维与现实交替循环、不断进行二次想象的环境。那不妨从小范围着眼：从公司中找几个你认识的有创意的房地产代理人，让他们把你的想法试用到他们的下一个客户身上，与此同时你或许还可以在后台观察他们。

在观察的同时，你也许会想到有一些新的服务可以去整合，或是考虑开展大规模的客户调研，再或是意识到接下来恐怕首先需要去收购一个搬家公司。你所看到的情景并没有多少统计学上的意义（只有一个客户），但是把想象中的理念应用到微缩版的世界中时，你会从多种互动角度中得到反馈，进一步激活想象力。

另一个有选择地进行探索的例子来自早期的苹果公司，它当时委托青蛙设计公司（frog design）的哈特穆特·艾斯林格（Hartmut Esslinger）为他们进行产品原型的设计。（参见图 5-7）

图 5-7　20 世纪 80 年代不带功能的苹果笔记本电脑外壳

图片由青蛙设计公司友情提供

　　苹果公司关于电脑的核心思维模型是围绕产品的外观与触感展开的，这与业界围绕功能性展开的主流思维模型并不相同。苹果公司希望自己的电脑产品的价值体现在简约性上，它并不希望靠技术的先进性去区别于其他竞争对手，而是想靠拿得出让人有眼缘的产品取胜。后来史蒂夫·乔布斯明确把这种理念称为"好用的"电脑。[8]

　　在 20 世纪 80 年代，做一款行得通的小体积笔记本电脑原型会面临许多工程与制造方面的挑战。所以首先试着解决这些问题是很正常的选择。但苹果公司剑走偏锋，它一开始就着眼于自己想搞清楚的一件事：有没有可能做出一款看上去非常友好，可以放在腿上使用的产品。要想尽早开始试验，成本还要相对低廉，它可以通过设计、制作、重新想象、重新设计产品的外壳来实现。

关于你的一些想法，你可以这样问自己：

- 有没有可能在最小范围的环境中试验自己的想法？
- 在这个思维模型中，有没有哪个关键特征甚至次要特征可以马上进行尝试？

想要去说服别人，特别是那些对我们的想法持怀疑态度的人时，我们应该先做出一个有代表性的样品，或一个最简化版的产品。这么做的意义并不在于说服任何人，而是为了支撑自己形成一个有利于再次思考的闭环。

机缘巧合背后的数学原理

想象、创造与重新想象的过程是一种介于完全随机与完全可控之间的状态。这个过程中会出现大量的机缘巧合（英文中称为"serendipity"）——这个词是在 1754 年由英国作家霍勒斯·沃波尔（Horace Walpole）创造的。他写了一个故事，名为《锡兰三王子历险记》（Serendip，锡兰，斯里兰卡的旧称），故事中这几位主人公"总能一不小心就在自己追寻的目标之外获得意外发现"[a]。

对于我们来说，机缘只有在它出现时我们才会知道。但它背后其实有一些数学上的底层逻辑。在《自然》杂志上刊登的一份研究中，BCG 亨德森智库与伦敦数学科学研究所（London Institute for Mathematical Sciences）共同合作，为不同复杂程度的事物中各种构成因素如何进行有价值的组合建立理论模型。我们以各种菜谱（复杂程度

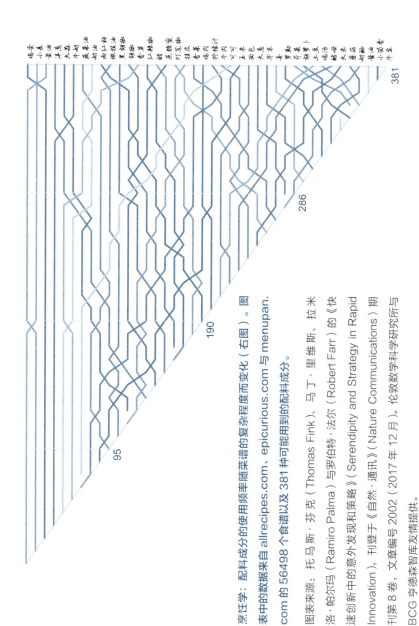

烹饪学：配料成分的使用频率谱随菜谱的复杂程度而变化（右图）。图表中的数据来自 allrecipes.com、epicurious.com 与 menupan.com 的 56498 个食谱以及 381 种可能用到的配料成分。

图表来源：托马斯·芬克（Thomas Fink）、马丁·里维斯、拉米洛·帕尔玛（Ramiro Palma）与罗伯特·法尔（Robert Farr）的《快速创新中的意外发现和策略》（Serendipity and Strategy in Rapid Innovation），刊登于《自然·通讯》（Nature Communications）期刊第 8 卷，文章编号 2002（2017 年 12 月）。伦敦数学科学研究所与 BCG 亨德森智库友情提供。

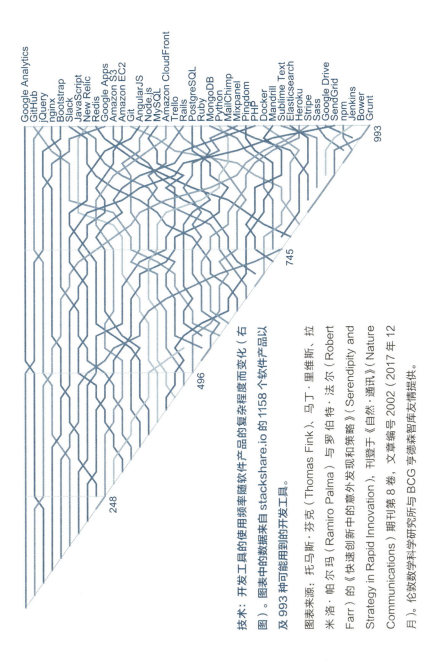

技术：开发工具的使用频率随软件产品的复杂程度而变化（右图）。图表中的数据来自 stackshare.io 的 1158 个软件产品以及 993 种可能用到的开发工具。

图表来源：托马斯·芬克（Thomas Fink）、马丁·里维斯、拉米洛·帕尔玛（Ramiro Palma）与罗伯特·法尔（Robert Farr）的《快速创新中的意外发现和策略》（Serendipity and Strategy in Rapid Innovation），刊登于《自然·通讯》（Nature Communications）期刊第 8 卷，文章编号 2002（2017 年 12 月）。伦敦数学科学研究所与 BCG 亨德森智库友情提供。

不一，即独特的构成元素数量不一）与配料成分（我们看包含这些成分的菜品平均处于哪种复杂程度）的建模为例。[b]

前文中的烹饪学图表自上而下展示的是各种配料成分在多种有效菜谱中出现的频率。配料成分的种类与复杂程度从左到右逐步上升。比如说，位于底部的牛至仅出现在更为复杂的菜谱中，灯笼椒与醋的使用频率随着菜谱复杂程度的升高而增加，而可可与玉米的使用频率则随着菜谱复杂程度的升高而降低。

同理，我们对软件产品与其开发工具做了比较。谷歌分析（Google Analytics）工具位于技术图表的顶部，说明大多数软件产品使用了它。JavaScript 的使用频率随着软件产品复杂程度的上升而增加。

当你希望偶然碰到新事物时，实际上会发现不同的构成元素在你所探索的领域中出现的频率高低取决于该领域中产品的复杂程度。换句话说，如果你研究的领域中还鲜有新发现，把注意力放在简单的构成成分上、形成简单的新配方就可能有所收获；如果你研究的是一个复杂程度较高、已经得到深度挖掘的领域，尝试更复杂的配方，收集一些日后可能用得着的成分可能回报率更高。希望有一天，你一不小心碰到的是一件相当于醋或 JavaScript 级别的事物，这样一来当你研究更复杂、更具隐蔽性的菜式或产品之时，它会有更大的用武之地。

在我们所谈及的思维模型中，各种想法就是其构成成分。比如说，Turo 公司的谢尔比·克拉克有一个点对点市场的想法存于脑中。这一点事后被证明成了类似于 JavaScript 级别的构成成分：在许多无法预知的情境下，即机缘巧合下，它发挥了重要作用。

对于想象力，我们可以从前文的分析中得到一些重要启示。首先，当我们在现实世界中有所行动时，我们应当对意外之喜——碰到有价值的新奇事物——有所期待、有意留心，因为从数学上来看，这样的机缘不可避免。其次，当某个未经开拓的领域中有许多唾手可得的成功机会时，我们应关注于速度：从简单处着手，快速将其与现实世界进行碰撞。再次，最有违直觉的一点是，当胜利的果实已不易摘取时，坚持抓住那些在复杂性越高的事物中越有效用的东西更有意义，就比如点对点市场的想法、灯笼椒、大葱以及 JavaScript。在大公司日渐成熟的创新空间中，如果它的总体基调是严肃的、求稳的、务实的，那我们更应该去探寻那些并不能马上发挥作用的事物。我们应当像有收藏癖的人一样，网罗各种闪亮的、有趣的想法，增加它们机缘巧合结合在一起时出现意外收获的概率。

注释

a. *Oxford English Dictionary*, online edition, 2020.

b. T. M. A. Fink et al., "Serendipity and Strategy in Rapid Innovation," *Nature Communications* 8 (2017).

在玩乐中探索

另一种探索世界的方式就是以玩乐的心态去行动。在玩耍时，我们不会有明确的目标，也不会想去验证某个假设。相反，我们会从某一个起点开始，任由想象跟着"这么做难道不好吗"的感觉去自由发挥（参见"玩乐的功能"模块内容）。

玩乐能够帮我们完善思维模型或找到新的发展模式与途径。以培乐多彩泥（Play-Doh）为例。该产品前身为 Kutol 清洁剂，是一种固态壁纸清洁产品。有一天，这家公司的老板乔·麦克维克（Joe McVicker）偶然听一位老师谈到孩子们在美术课上使用

是啊，亚历山大——不过
这是什么？

我也还不知道呢，妈妈。我正试着先把
它的样子做出来，看看感觉对不对。

的橡皮泥非常硬，不好摆弄。心血来潮的麦克维克给这个学校寄去了一盒固态壁纸清洁剂，结果它在学生间大受欢迎。[9] 我们猜想麦克维克可能是这么想的："为什么不这么做呢？试试倒也无妨。"他以半玩乐的心态采取了行动，即兴发挥了一下。当时他的聪明才智已经足够让他懂得充分利用这个意外结果去重新想象自己的生意了。（参见图 5-8）

图 5-8　重新想象后的 Kutol 壁纸清洁剂成了培乐多彩泥

图片由孩之宝公司友情提供

我们可能觉得玩乐不会也不太应该出现在商业中，除了像培乐多那样比我们有趣得多的公司。然而玩乐这种底层思维对任何企业与组织来说都极具价值。

谷歌地图的故事也始于一次玩乐。2004年的一天，时任谷歌首席执行官的埃里克·施密特（Eric Schmidt）正在与他的团队开会。公司的联合创始人谢尔盖·布林（Sergey Brin）当时也在场，但并没有认真听。他正在笔记本电脑上摆弄自己新发现的一个工具，名为"钥匙孔"（Keyhole），这是一个可以浏览世界各地卫星图像的软件。布林在这个软件上搜索了自己的家以及身边其他参会人员的家。美国沃克斯新闻网（Vox）是这样报道的：

> 他把笔记本电脑拿给其他几个人看，大家纷纷说道："天哪，查我的，查我的。"当时正在发言做汇报的那个人当即开始冒汗了。最后，谢尔盖站起身来拔掉投影仪连接线，插到了自己的笔记本电脑上，说道"这东西太酷了，我们应该把它买下来"，并向众人展示了这款产品。当时的场面毫不夸张地说是这样的，在座的高管一个个把自己的地址大声叫出来，因为他们也想从太空视角放大看看自己的住所。[10]

最终，谷歌收购了Keyhole公司，并把它发展成后来的谷歌地图。然而这趟旅程的起点，正是在于高管能够把会议的正式目标放在一边，转而去探索一个好玩的事物。他们通过在现实世界中四处尝试，加速了想象力的进程。

什么叫你还不清楚这东西是做什么用的？我们怎么可能用它维持生计？

玩乐的功能

通常我们不会认为玩乐是商业中的一个必要部分。在商业语境下，玩乐更像一个额外的选择：它是你完成工作后可以做的事情，而不是工作本身不可分割的一部分。一些现代化的工作场所中提供了一些具有玩乐意味的设施，比如懒人沙发、乐高角、桌上足球等。但它们往往只意味着当你完成了全部工作却还想待在办公室的时候，理论上有这么一些有趣的事情可以做。它们并不是为了把工作变成更有想象力、更具价值的事情而设的。

玩乐是什么，为什么对于商业大有用处？玩乐是一种能够促进想象力的即兴行为：它是把想象力付诸行动的一种方式，能够创造出有利于进一步刺激想象的意外因素。

玩乐的关键就在于灵机一动。如心理学家米哈里·契克森米哈赖（Mihály Csíkszentmihályi）所述，玩乐发生在我们未经预想就做一些能力范围内的事情时。举例来说，钢琴家试着把脑中出现的新和弦与新旋律弹出来时，可能就是在玩（从随意玩耍的意义上来说）。她想象出一些东西，在未加分析、未做计划的情况下弹奏出来，结果出现了一段意想不到的音乐创作内容，这可能会成为她的灵感来源，进一步激发她即兴发挥。我们采访过爵士音乐家菲利普·克劳茨（Philip Clouts），他在自己的作品中这样描述到："一个音乐片段的想法常常会出现在我坐在钢琴前面时。当我随意弹奏时，脑中可能会出现一个想法，然后我会顺着思路走下去，因为这个想法似乎还蛮有趣的。就这样随便弹，然后在某个不经意间碰到了些什么。这个过程其实就是当你做着一些跟音乐有关的事时，它会让你产生某个音乐想法，而这个想法有可能强烈到让你觉得非做下去不可。"[a]

玩乐的一个基本条件就是整个情境是无关风险的，也就是说做一些预期之外的事不会产生什么不良后果。这样才可以让我们在行动时无拘无束，单凭当时的想象力推着我们走，不必担心后果。

就像契克森米哈赖所写的："玩乐就是一个行动激发另一个行动的过程——一种一致的感受在不同时刻间的流动。"[b]当一切进展顺利时，玩乐创造出了一种所谓"流"的精神状态，"在这种状态下，人对做某件事会无比投入，似乎除此之外一切都不重要了"，这种状态对于学习极有帮助。[c]

因此我们可以认为，玩乐的功能在于它能够以无风险的方式加速学习的进程。这在商业中是极有用处的，因为它可以在大脑与现实之间创造出一个快速反馈的闭环。在我们玩耍的时候，我们会让想象中还未成形的想法——我们有时把它叫作直觉——支配我们的行动。在无受人指摘之忧、无须提前计划的情况下，我们能够快速与世界建立起一个你来我往的关系。无论是随意摆弄在网上发现的一个有趣工具，还是用一个不具代表性的样品做小范围的产品测试，或是打印出明信片在街头分发，我们都是在快速地为自己创造一个有利于激发进一步思考的场合。

关于玩乐的效用，一个商业案例就是乐高公司的工作法"乐高认真玩"（LEGO Serious Play），它是一种有助于人们聚在一起解决问题的过程。按照这种方法，每个参与人员都要用乐高积木搭建一些模型，并接受大家的一系列提问，一步步地对一个主题进行深入探索。事实上，乐高（LEGO）这个名字就是丹麦语"Leg GOdt"的缩写，意为"好好玩"。贯穿本书的各种有关想象力的游戏，也都是为了让人能够与同事一起以没有风险的方式加速了解想象力的各种主要能力。

注释

a. BCG Henderson Institute, interview with Philip Clouts, Axminster, England, June 17, 2019.

b. Mihály Csíkszentmihályi and Stith Bennett, "An Exploratory Model of Play," *American Anthropologist* 73, no. 1 (1971): 45–58.

c. Mihály Csíkszentmihályi, *Flow: The Psychology of Optimal Experience* (New York: Harper Perennial, 2008).

- -

迭代式探索

加速想象进程的另一个重要行为就是反复渐进地探察世界。思想模型与现实世界的一次碰撞是远远不够的。相反，你需要为思维与现实建立起对话机制。（参见图 5-9）

有时候，反复探索会带你发现具有变革意义的意外情形，查尔斯·古德伊尔（Charles Goodyear）意外发明了橡胶汽车轮胎就是一个例子：

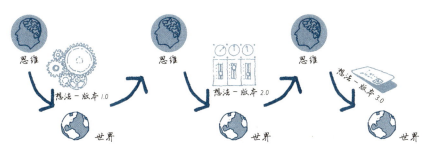

图 5-9　想法需要从大脑进入世界，之后再返回大脑，周而复始，方可获得发展

　　在对橡胶有所了解后，他坚信自己可以做出有用的橡胶制品，比如防水鞋，然后从中发笔大财。但他所有的尝试都以惨败告终，生活也写满了苦难与不幸。他发明的鞋子在夏天的高温下会熔化，12个孩子中，有6个都在婴儿时期夭折，一家人在穷困潦倒中苦苦挣扎。但古德伊尔却非常坚定。当他因为负债累累锒铛入狱时，他只是让妻子给他带了一根擀面杖和一些橡胶，在牢房中继续坚持自己的发明。最后，当他一不小心把一片橡胶掉在一个热炉子上时，终于取得了重大突破。橡胶在炙烤下缩成了一块硬硬的东西，古德伊尔马上意识到这就是他一直想要的东西。这就是他如何发明了如今被我们用作汽车轮胎的坚韧黑橡胶的过程，这个生橡胶变熟的过程就是我们所说的"橡胶硫化"。[11]

　　在多次迭代的过程中，我们就可以尽可能多地给自己创造偶遇巧合与反常的机会。同时，我们不只是深化了某个点子，得到深化的更是围绕这个点子展开的整个思维。如果迭代不断发生，

1916
公司在 1916 年创建之初是一家木工店，当时还承接当地的房屋建造。
照片：斯科亚德贝拉教堂（Skjoldbjerg church），1919—1921

1935
一个尤其成功的木制鸭子

1947
一个关于交通的棋盘游戏

1932
木制玩具

1946
木制积木

1949
乐高自主拼装积木

我们就可以改变许多想法，最终改变整个公司。

这一点在乐高集团的过往中体现得淋漓尽致。它最初是一家服务于当地房屋与教堂的木工厂，但随着时间的推移，它一次次以超出人们预料的方式不断演化升级。（参见图 5-10）

从感情层面上来说，让事物的发展方向脱离原本的设计会是件特别困难的事。改变自己最喜欢的想法并不容易。然而当想象力与行动的更迭结合在一起后，你会发现自己踏上了新的旅程，其终点是自己从未想象过的无价之物。

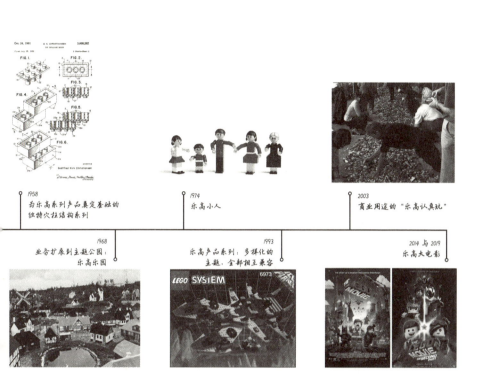

图 5-10　乐高集团的发展史

普瑞特艺术学院的艺术家简·索思分享了自己引导人们进行想象、创造与再想象的过程：

一个学雕塑的学生给我看了一幅手稿，告诉我："我打算做一个这样的东西。"我说："好的，你去做吧。"第二周我回来时，看到他做出来的东西与最初手稿上画的大相径庭。这名学生失望地说道："天啊，太失败了！我没想着要做成这样……"殊不知，这正是创作真正出现的地方。如果一名艺术工作者执意要坚持最初的想法，就会错失自己际遇中的其他事物（在你生命过程中的某个时刻留下过印记的种种经历）与最初的艺术冲动相互作用、激发想象空间的机会。如果制作的过程中一点令人意外的感受都没有，那就算不上是搞创作。只有真正开始上手，你才为创作打开了大门，它也会以意想不到的方式在你面前铺陈开来。[12]

哦，那是亨利。
他要进化了。

是什么阻碍了行动?

有一些关键问题会阻止想法在大脑与现实中来回迁移。

忽略意外

这种阻碍在于企业往往倾向于仅关注某些方案是否按照最初设定的各项指标取得了成效，比如说客户满意度、营收空间等。我们把一个理念从头脑中带到了现实世界，但并没有让它从现实中再回归头脑进行演化升级。对此问题的解决办法是，在每份正式或非正式的运营报告中，除了对成败进行总结，还需加入自己所了解的其他信息。

不去做迭代

这种阻碍因素在于一个想法只获得了一次进阶的机会。它是基于这样的认知：某个想法经过首次迭代后就基本上能够把所有价值发挥出来，而没有把第一次迭代看作想象一再被激发的起点。

有种防锈喷剂的名字叫WD-40，它的全称是"Water Displacement perfected on the 40th try"，意为"第40次尝试达到的排水效果"，因为这家公司在尝试了40次之后才找到最佳的配比。[13] 然而这个反复迭代的过程是值得的，它让在1953年时用于航空工业的一种小众产品开始风靡家用市场。因此，针对这种阻碍因素，解决办法就是要铭记WD-40这样的产品对于想象力的象征性意义：它会提醒我们，一个想法出现之后有可能在再想象的循环过程中反复打磨 40 次之多。

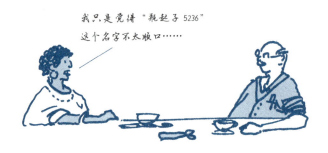

我只是觉得"瓶起子 5236"这个名字不大顺口……

对许可的依赖

这个问题的症结在于人们普遍有这样一种感觉，那就是很多事情未经允许是不可以做的，这在大企业中尤为明显。与封建时期的主导观念类似，这种心病源自人们担心上级领导会对自己有看法。然而，这种观念在人们升职后仍然会存在，甚至某些公司的负责人也会被根深蒂固的观念束住手脚，觉得自己在将一个想法付诸行动之前必须得到某种方式的许可——比如董事会的批准、同行的认可，或是一份综合的、无可挑剔的可行性分析报告的支撑。解决办法在于，要记住，你所处的位置越接近领导者，就越没有道理去寻求什么人的许可。

过分强调分析与推理

这个问题的症结在于，人们以为早期阶段的想法也应该像成熟的想法一样有足够多的分析进行支撑。而在现实中，这样的预

期意味着人人都不得不把初期的想法隐藏起来（因为这个阶段中的想法还有待进一步探索，不可能做出非常详尽的分析），甚至会让人干脆对新想法的开发敬而远之，以免经历那个杂乱无章、难以预料、需要不断迭代的过程。人们仍然会从巧合、反常与类似事物上得到灵感并产生新想法，但永远无法付诸行动，因为批准这件事所需的证明太多、来得太早。在下一章中，我们会更仔细地研究哪些不太具体的衡量指标适用于一个想法的早期阶段。尽管具体指标最终应该得到采用，但要想解决过分关注数据分析这一问题，就应该接受想象在初期阶段千头万绪、无法衡量的样子。

不愿放手

　　这个问题说的是人对于自己珍视的想法与思维模型有种抱残守缺的心态，不愿意让其得到升级发展。与这个问题相反的是一种非常重要的美德：不固执己见的思维习惯。我们可以从科学中获得这样的启迪。科学的真谛在于，当人们发现原来的想法有误，或是出现了更加综合或更有见地的思维模型时，人们愿意摒弃旧有的思维，在新的道路上继续探索。生物学家理查德·道金斯（Richard Dawkins）是这样解释的：

> 之前我讲过一个故事，是我在牛津大学读书期间动物学系一位德高望重的元老的故事。很多年以来，他一直坚信高尔基体（可以在显微镜下看到的一种细胞内部特征）是不存在的，并且也是这么教的。动物学系有一个传统，就是每逢周一下午全系都会去听客座讲师带来的研究讨论。有一个周一，前来讲学的客座讲师是一位美国细胞生物学家，他展示的证据完全能够说明高尔基体真实存在。讲座结束时，这位老先生大步迈向前方的讲台，握着这位美国专家的手，激动地说道："亲爱的同仁，我想要谢谢你。过去这15年来我一直都错了。" [14]

推荐游戏

要对本章所述的技巧进行练习，你可以与同事一起玩几个有助于刺激想象力的游戏。

游戏一：新闻头条

这个游戏旨在让我们对一个新的、富有想象力的思维模型保持一点偏执。首先，选一个你近期一直在思考的想法。然后，去你最喜欢的新闻网站，试着从主页上的每一个新闻故事中找找有没有该想法的影子。可以问自己以下问题：

- 有没有把这个故事与我的想法联系在一起的方式？来，脑洞大开一下。

- 当我脑海中盘旋着这个想法读这个故事时，是故事中的什么引起了我的注意？

接下来想一想，你的想法与哪些现实故事碰撞出了有趣的、意料之外的思路？看看这些思路有没有将你已有的反事实思维模型进一步深化或改进。用一周的时间这么做，在各种故事背景下充分探索自己的想法所具备的潜能。

游戏二：100 美元

选一个你想要与现实世界进行碰撞的想法，然后想一想：

- 如果你有 10 万美元与三个月的时间，你会如何推进？

- 如果你有 1 万美元与一个月的时间，你如何付诸行动？

- 如果你有 100 美元与一周的时间，你又会如何实施？

- 如果就在今天，只凭你现有的资源，你会用哪种既不费钱，又容易操作，甚至在玩乐中就能够把这个想法放到现实中一探究竟的办法？

之后，与你的同事交换各自的想法：听听对方的见解，并把你的想法说给对方听。对于他们脑中的想法，同样通过回答上面这些问题进行思考，然后讨论各自对对方的想法有些什么样的建议。如果有些建议打动了你，当天就付诸行动吧。

值得一问的好问题

关于通过与现实进行碰撞去了解与丰富你的想法，有下面一些问题值得一问：

- 我希望把关注点放在哪里才能推进自己的想法？
- 为了让关于某个想法的想象力获得更多依据，哪方面的知识领域是我需要深入了解的？
- 什么样的环境对于观察研究这个想法最为理想？
- 我的想法中哪一个部分是可以以最低的成本马上进行研究的？
- 我如何才能把这个想法玩起来？

组织机构诊断

我们可以评估自己的公司在支持本章所探讨的事情上——通过把想法与现实世界进行碰撞来加快想象力的进程——做得有多好。下表中每个问题都与本章谈到的行动有关，如果你的公司在某个问题上得分不高，可以从这方面着手解决。

相关举措	从不（1分）	极少/少于一年一次（2分）	有时/每月到每年一次（3分）	经常/每周到每月一次（4分）	一直如此/每周多次（5分）
员工之间经常探讨推测性想法以及早期的想法。	保持一点偏执				
员工为改进自己的新想法会去新的地理与社会环境中。	到访相关环境				
公司会在员工出现新想法的早期阶段给予鼓励并投入资源。	创造学习之旅				
公司在尝试早期阶段的想法时（一开始）并不会要求它的合理性能通过财务分析的证明。	尽早去探索				
员工在尝试新事物时可以寻求原谅，而不是许可。	在玩乐中探索				
员工在工作时可以聊些有趣的事。	在玩乐中探索				
公司里有想法的人愿意用粗陋的方式先去做尝试，从现实世界中获得反馈。	迭代式探索				
公司的报告中除了直接的财务结果，还有某些从某些重要地提议中吸取的教训。	迭代式探索				
总分					

把总分加起来后，你会看到你们公司现在的情况：31~35分，优秀；21~30分，良好；11~20分，中等；0~10分，差。

你可以访问www.theimaginationmachine.org 去对比自己与其他公司的得分。

第六章

传播

旗下拥有招聘网站 Indeed 与 Glassdoor 的瑞可利集团（Recruit Holdings）是日本一家业务领域横跨人力资源、教育、市场营销的公司，营业收入高达 230 亿美元。然而就算有如此庞大的规模，这家公司依然能够从自己的员工身上发现具有创意的想法，并把它们传播开来，激发集体的力量、组建新的团队去共同探索，由此开创了各种能够赢利的新业务。瑞可利旗下管理能力研究院的执行经理卷口隆宪（Takanori Makiguchi）告诉我们："瑞可利需要不断求变。这意味着我们需要不断转变思维。"[1]

关于一个人的想法如何被放大并启迪了他人，山口文洋（Fumihiro Yamaguchi）的故事就是一个很好的例子。2010 年，山口文宏是瑞可利教育业务部门的中层管理人员。在做客户研究时，他发现市场上存在大量的一对一家教服务与课程帮助学生备战考试，但这样的在线服务并不成规模。他想到了一些主意去填补这个空白，他的主管领导也鼓励他把自己的想法拿到瑞可利一

年一度的创意大赛 "Ring"① 上去分享。在这个大赛上，任何员工都可以提交自己的想法，无须经过审批流程。当山口文洋把他的想法讲出来后，有人就来找他一起组队。每年瑞可利的员工都会形成差不多 1000 个这样临时组建的员工团队，这一点也是公司年报中的一大亮点。[2]

在通过初筛后，山口文洋获得了一笔研发预算。这支小队不断在现实中尝试、重新想象，然后拿到更多项目经费。最终他们获得了 1800 万美元去启动这项服务，并使其成为瑞可利集团的一项分支业务。[3] 如今，名为 StudySapuri 的这项业务已经有了 140 万的付费用户，它与其他在线服务业务，包括从 Ring 中诞生的其他业务，一起为公司创造了 7.48 亿美元的营收，年增长率达到 15%。[4] 从 Ring 中还走出了一个名为 "小辣椒"（Hot Pepper）的美容沙龙平台，一个名叫 "Zexy" 的婚礼策划平台。这些业务曾经都不过是员工大脑中的一些想法，换作在其他大多数公司中，这些想法都有可能无疾而终，因为人们会把这些猜想都丢在一边，转头扎进安排给自己的工作中。（参见图 6-1）

---

① Ring 有擂台与启迪之意。——译者注

图 6-1　瑞可利集团的员工在分享理念

图片由瑞可利集团友情提供

• • •

　　一个想法从敝帚自珍到跨越个人局限，过程中需要有很多人去应用它，就好像病毒需要从一个人传播到许多人。所以如何才能让一个新的思维模型从一个人的大脑中蔓延开来，去启发与融合其他人的想象？如何才能从一个人的想象变成一个集体想象？

　　本章将把关注点从如何利用好个人层面的想象力转移到如何在整个公司范围内充分利用集体想象力。我们会探讨"主体间性"带来的挑战、开创集体想象的方式以及阻碍达成这一目标的因素。本章还会提供一些值得推荐的游戏与一些值得一问的好问题，以及组织机构诊断表。

章节概览

主体间性的问题

如何实现集体想象？

　　一起聊一聊

- 命名
- 培养讲故事的能力
- 培养倾听的能力
- 支持中间人角色

　　共同聚焦

- 借助一起玩耍的机会
- 举办盛会

　　一起迁移

- 转移阵地，共同驻扎

　　共同探索

- 自主权的下放
- 暂不必追求精确

阻碍集体想象的因素

　　过度合规

　　鱼龙混杂

　　各自为政

　　去人格化

推荐游戏

　　游戏一：乱麻一样的创始期

　　游戏二：起名游戏

值得一问的好问题

组织机构诊断

主体间性的问题

当我们把一个形成中的思维模型从一个人的脑中传到公司里其他人的脑中时，就从两方面放大了这个思维模型。一方面，由于引发了集体的二次想象，它的演化进程加快了。另一方面，从接受并参与到这个思维模型中，到最后把它变为工作或生活的一部分，人们在这个过程中对这个思维模型形成了社会认同。

不过想法的传播面临着一个核心问题，即主体间性的存在。对一个不曾存在、看不见摸不着的思维模型来说，如何能统一众多人的思想进而达成合作呢？我们采访了瑞士哲学家艾杜德·马尔巴赫（Eduard Marbach），他对这个问题是这么看的：

> 从胡塞尔思想的角度来说，集体想象是一件非常复杂的事，因为其中涉及主体间性的问题。两个不同个体的思维世界如何能在同一个思维"产物"上达成一致呢？如果我们探讨的是一个已经存在的事物，那么这可能也就算不得一个问题了。假如你把现实世界中的某样东西拿给你的邻居看，你可以指着它说"咱们研究研究吧"。但如果某个事物还在想象的过程中，那么它并不存在，尤其是当你想要分享给别人的还是一个初生的想法，仍无清晰的形态可言时。鉴于此，如果你想象出一件事，想要得到他人的应和，你就必须想办法明确你想谈论的到底是什么。[5]

浪漫主义运动在很大程度上奠定了人们对想象力的理解基础，也强调了主体间性带来的挑战。但浪漫主义者通常把这一点当作无法与别人进行合作的依据。他们常把艺术家或发明家描述为个人英雄，而非集体或企业造就的英雄人物。（参见图6-2）

图6-2　浪漫主义运动强调将个体英雄置于社会之上：

想象具有主体性而非主体间性

图片来源：卡斯帕·大卫·弗里德里希（Caspar David Friedrich，1774—1840）的《雾海中的旅行者》，大约绘于1817年。

版权所有：© bpk Bildagentur/Hamburger Kunsthalle, Hamburg, Germany/Elke Walford/Art Resource, NY.

如果我们能解决主体间性的问题，就能创造出集体想象：将多人的智慧共同作用于同一个演化中的思维模型，为把想法变为现实提供充足的动力。

如何实现集体想象？

要想克服主体间性的问题，不能简单地把人们的思维插接在一起。一个人脑海中的产物应当成为他人脑中的意外输入，去激发他人的想象。要想做到这一点，最主要的一个行为显然就是沟通，但是我们也可以通过前几章探讨过的几种行为来实现，只不过需要在集体的层面上加以运用，即共同关注、共同走出去、共同去探索这个世界。（参见图 6-3）

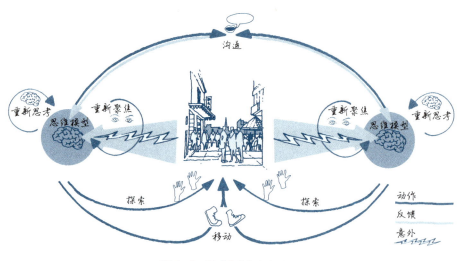

图 6-3　形成集体想象的动作

接下来我们会依次探索这些行为，看看具体采取哪些措施有助于把想法从个人层面扩大到集体层面——从个人的、主观的想法发展成可供多人同步进行探索的共享思维模型。

集体想象

一起聊一聊

命名

就一个新的思维模型与人进行沟通时，有一种方式是给这个思维模型命名。语言，特别是名字的重要性很容易被低估，因为我们对身边种种已被命名的人类创造太过熟悉了：冰箱、饭店、智能手机。我们很容易忘记这些东西在还只是一些未经标记的想法时有多么奇怪与陌生。

从根本上来说，一个名字为一个新鲜事物划定了边界，能够让我们把联想引导到同一个东西上去。一个名字能够把曾经只存在于某一个人脑海中的想法变成人人都可以理解的事物。莎士比亚在他经久不衰的诗歌中对此有过清楚的描述：

> 想象会把不知名的事物用一种形式呈现出来，
> 诗人的笔
> 再使它们具有如实的形象，
> 空虚的无物也会有了居处和名字。①

　　除了创建标签这样的基本功能，名字还有其他三种功能，只是这些功能起初并不明显。它们是：让人们对陌生的事物产生熟悉感、指示某件事物应如何使用，以及把人的注意力吸引至某处（参见图 6-4）。

　　虽然苹果手表的实质是一个可戴在手腕上的传感器与小电脑，但手表是一个人人皆知的概念，所以这个名字起到的作用就是把人们带到一个熟悉的起点上来。与之不同的是，早在 1905 年时，还没有人知道吸尘器是什么。所以我们就看到了"格里菲斯改良式地毯除尘真空设备"这样一个产品名称，它尽力解释了产品的功能。⁶ 还有一种不同的情形，人人都知道 T 恤衫与裤子是什么，对这个概念我们已经熟悉到无须再举例说明了。在这种情况下，最关键的一个挑战就是要吸引注意力，因此就有了 FCUK（French Connection United Kingdom）这样的品牌名称。

---

① 莎士比亚.《仲夏夜之梦》.朱生豪译.北京：中国国际广播出版社，2001:103.
　　——编者注

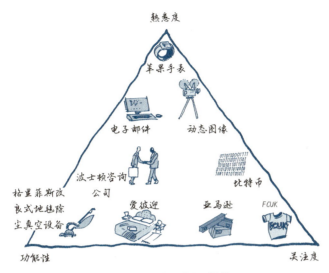

图6-4 一个名字起到的作用

然而，很多企业常常把力气浪费在语言的创造上。人们总想给普通的东西取一些朗朗上口的名字，希望通过语言就体现出与众不同。这种偏见不单单会导致产品名称怪异拗口，还会导致我们多此一举地给许多简单的用词冠以其他说法，比如用"发挥杠杆作用"（leverage）来表达"使用"（use），或是用用法不太正确的"学问"（learnings）替代"经验"（lesson）。一个更好的策略应该是，只为业内出现的全新的、极富创意的想法起名字，并且要明确通过这样的名字要达到什么目的。

开动脑筋为不熟悉的事物想一个有"创意"的名字或许是个难以拒绝的诱惑。但对有创意的想法进行命名，主要是为了表明相较于我们熟悉的事物，它有哪些不寻常之处，并指明它有什么功效。思维模型本身已经足够陌生了，它的名字应该能够在反事实世界与日常生活间搭起一座桥梁。FCUK 这个品牌名称之所以能够奏效，就是因为没有人会不知道 T 恤是什么。当你创造出具有变革意义的东西时，像苹果手表、莱特飞行器（这是莱特兄弟对他们的飞行机的称呼）等这样朴素至极的名字却是最好的选择。这一点是有语言学的研究理论支撑的，有研究表明要使一种新的表达得到采用，首要推动因素就是语言中的熟悉感。[7]

看！

一个东西

FKUQ

要是在 1905 年，FKUQ 的"吸尘器"会是一个失败的名字，因为当时没人见过这种物品。

举例来说，假如你想对公司做一些改革，意在为员工创造更多可以进行反思的时间，你可以给这个想法取一个偏功能性的名字，把它具体化，让它变成一个强有力的、可以进行沟通的东西，比如说"10% 的思考原则"或是"思考型公司"。再假设，某位员工提出一个把咖啡馆开到银行门店中去的想法，那么管理者如果想帮忙把这个想法传播开来，就可以把它叫作"咖啡馆银行"。这个名字之所以有用，是因为它选用了两个人们非常熟悉的思维模型。

看一看我们现在所熟悉的事物在早期的称呼，在那些为开创

就叫它"莱特飞行器 I"。下一个我们可以称为"莱特飞行器 II"。

性的事物所取的名字中，成功的那些往往一开始都使用最基本的词语去传达这个新奇的概念指的是什么[8]：

苹果公司称，用于 iPhone 的新应用程序可以从苹果的"应用程序商店"（App Store）中购买，这个"商店"是一个可供用户直接把软件下载到自己设备上的全新应用程序。

——《网络世界》，2008

办理存款业务的用户可以把存款封装在提供给他们的信封中，并把信封插入"自动柜员机"，然后它会闪现出一句"谢谢您"的标语，并开出收款凭单。

——《美国银行家》，1971

邮政大臣萨默菲尔德计划推广瞬时电子邮件。

——《新月邮报》，1959

我们都在这个全新的电影摄制过程中留下了影像，它通过展开一卷卷胶片制作出能够动起来的画面。

——维多利亚女王的日记，1896

关于有限责任的联想有两种：一种是所有合作方的责任都是有限的，另一种是只有其中某些人负有责任。

——约翰·斯图尔特·穆勒（John Stuart Mill），1848

培养讲故事的能力

许多公司都有关于沟通技巧的培训，但并不大会把这种技巧的培训重点放在如何沟通想象中的未知事物上。由于反事实的、想象中的思维模型还不完全存在，因此需要用其他方式使其具象化，才能去启发他人。在这一点上，讲故事的方式大有可为。

单纯把信息从一个人传递到另一个人是不够的，主要有三个原因。第一，如果这个信息不能引起对方的兴趣，那么这就是一次徒劳的信息传递；第二，我们都遨游在信息的海洋中，但信息本身并不会主动去创造兴趣；第三，我们要有选择地传递信息，因为把所有信息都讲出来并不现实。就像尼采所说："能够证明一件事是不够的，你需要去创造诱惑把人的情绪调动到这件事上去。"[9]

我们在分享一个想法的时候会发生什么呢？在这个过程中，我们实际上并不是把一个东西从一个人的脑中传到另一个人的脑中，而是在"撩拨"另一个大脑，希望对方能够受到足够的启发，想象出与我们想象中比较相似的事物。通常情况下，这种做法并不奏效。你试着去阐释自己的想法，而它在另一个人脑海中形成的却是令人兴趣索然的不同画面。好比在你的主观世界中，你的思维模型对应的是一座令人叹为观止、美轮美奂的城堡，而当你把它讲给别人听时，对方从他的思维角度出发，在脑海中构建出的则有可能是一个昏暗凌乱的单间公寓。

用讲故事的方式可以弥合两个主体间的差异，因为故事能引起共鸣，调动情绪：它能让人见你之所见，并引起对方的关注。

举个例子。1949 年，查尔斯·梅里尔脑中产生了一个改革银行的思维模型。接下来他面临的一个社会挑战就是，要引导公司的其他合作伙伴加入到这个愿景的开发与应用中来。通过讲故事的方式，他成功地做到了这一点。比如说，谈到在旧金山为女性开设股票购买研习班时，他在结语中把这件事置于一个宏大的使命背景中，把它描述为公司在挖掘新经纪模式潜能的过程中不可或缺的一部分。

> 我承认，这么多女性同胞在股票与债券的问题上提出"请再多给我们提供一些信息吧"的要求时，我们都感到非常震惊。这其中还有一个非常令人欣喜的发现。有些女性朋友问我们是否可以给她们的丈夫提供这样的课程。这就说明，我们的产品已经开始在一些从未涉及这一议题的家庭中得到讨论了。不可否认，考虑到在我们国家 5200 万个家庭中只有 7% 购买过普通股或优先股，我们只能算是迈出了一小步。

我们想象中的思维模型（上图）与它在别人脑中呈现的样子（下图）

图片来源：（上图）tucko019/ iStock/ 盖蒂图片社；（下图）Justin
Masterson/ 知识共享组织（Creative Commons）

诚然，我们无法确切知道，剩下的这93%中，有多少家庭有资金可用于投资国家的各行各业，但我们明确知道的是，仍有数千万可能购买我们公司产品的人还没有这么做。这就是为什么说如今对投资公司来说，没有什么比商品的大众化推广更具挑战、更有必要的项目了。[10]

按照《牛津英语词典》的解释，故事指的是"对事件所做的口头或书面的叙述性记录"。它与逻辑论证和数据罗列都不同，虽然这两者也可以融入故事，就像梅里尔所做的一样。故事之所以有效，是因为它们动用的不只是理性分析的能力，还有更多的脑力部分。一个好的故事可以让两个大脑体验到同一件事，这在认知科学中被称为"大脑耦合"现象。神经科学家尤里·哈森（Uri Hasson）对此现象进行过研究，他发现在故事的讲述过程中，讲故事的人和听故事的人出现了相似的大脑活动。[11]

我们可以找到一些有效的故事讲述技巧，吸引其他人帮我们把新的想法发扬光大：

- 使用有感情的表达，比如梅里尔谈到自己被"震惊"了；
- 调动多种感官，比如使用图像、视频、发人深省的表达；
- 使用具体的颜色、描述更多的细节，而不是笼统的概括；
- 有可能的话，套用一些原型故事结构（参见"原型故事"模块内容）。

讲故事

待售

就像我们的宣传册所说：明亮、通透、山景房！这是
一个风景秀丽的地方，适合安家迎接宝宝……

- -

原型故事

人类学家与心理学家发现，在整个人类文化的历史进程中，有几
种经典的叙事模型。[a]这些震撼人心的故事都包括一些核心特征：

- 一个主人公或一群主人公；
- 促使主人公踏上某个征程或陷入某种挣扎的诱因；
- 陷入挣扎，通常由困惑、失败、对手或心灵导师所致；
- 问题最终得到解决，或是有最终得到解决的希望。

企业领导者应引以为戒的一点是不要忽略主人公。一个创意理念
最初来自谁、由谁在早期做过推动，这些都是这个理念的传播背后至关

重要的部分。企业中常常出现的情况是，一个想法与它的主人公被分离开，传到了主管经理手中，写进了毫无个人色彩可言的报告材料，发给了与这个想法最初出现的场景没有任何关系的人。瑞可利集团采用的是完全不同的方式：它鼓励想法的提出者把自己视作一个创业英雄，允许他们组建自己的团队，捍卫自己的想法。这样一来，这个想法就与个人故事连接在了一起，具备了更容易激发他人的力量。换言之，瑞可利是在有意造就英雄。

要成为一名会讲故事的人，你应当熟悉诸多伟大的故事，不一定要去直接引用它们，而是要锻炼自己描述事情、斟酌语言以及运用心理意象的能力。纵观历史上那些伟大的演说家——马丁·路德·金、夏尔·戴高乐 [①]、索杰纳·特鲁斯 [②]、玛丽·沃斯通克拉夫特 [③]、伯里克利 [④]——无一不对各种脍炙人口的故事耳熟能详，这些故事深入他们的骨髓，渗透进他们自己的表达方式。

为作启发，此处选取了各种艺术形式的著作，按照人类故事叙述

[①] 夏尔·戴高乐（Charles de Gaulle，1890 年 11 月 22 日—1970 年 11 月 9 日），法国军事家、政治家、外交家、作家，法兰西第五共和国的创建者。法国人民尊称他为"戴高乐将军"。——译者注

[②] 索杰纳·特鲁斯（Sojourner Truth，1797—1883），美国著名非洲裔废奴主义者和妇女权利的倡导者。（原名为伊莎贝拉·范瓦格纳，Isabella Van Wagenen）。——译者注

[③] 玛丽·沃斯通克拉夫特（Mary Wollstonecraft，1759—1797），英国启蒙时代著名的女性政论家、哲学家、作家与思想家，更是西方女权主义思想史上的先驱。——译者注

[④] 伯里克利（Pericles，约公元前 495 年—前 429 年），雅典执政官。他在希波战争后的废墟中重建雅典，扶植文化艺术，尤为重要的是，他培育当时被看作非常激进的民主力量。他所处的时代也被称为"伯里克利时代"，是雅典最辉煌的时代，产生了苏格拉底、柏拉图等一批知名思想家。——译者注

中发现的 7 种最基本的情节进行了整理 [b]：

远行与回归：主人公离开了熟悉的一切，去遥远的地方或陌生的环境中冒险。之后他们带着丰富的阅历回归故里，尽管自己的很多观点常常难以被从前的好友接受。例如：《俄耳甫斯神话》《时间机器》《理想国》《故园风雨后》《西游记》《威廉·迈斯特的学习年代》。

逃离死亡：主人公在自己或同胞受到危险与破坏力量的威胁时，出发去击败它，在这个过程中自己与同伴都发生了改变。例如：《波波尔·乌》《珀尔修斯的神话》《星球大战 4：新希望》《罗摩衍那》《贝奥武夫》《夺牛长征记》《哈利·波特与死亡圣器》。

人生的逆袭：主人公一开始处于社会边缘，低落萎靡，后来真实力量觉醒，主人公通过它获得了影响力、财富或某种形式上的成功。例如：《丑小鸭》《班尼古曼传》《简·爱》《远大前程》《红与黑》《悉达多》。

追寻：主人公有明确的目标——要完成某件事或到达某个地方。他们面对着重重阻碍与质疑，必须通过日渐强大的内心力量达成目标。例如：《巴亚吉达的传说》《现代启示录》《埃涅阿斯纪》《奥德赛》《指环王》《神曲》《金银岛》。

喜剧：主人公由于搞不清楚身份或某些误会陷入了混乱。所有的事情都搅成一团乱麻，直到有天才人物或巧合的出现，才把事情一件件理顺，让一切回归有序。例如：《云》《卡萨布兰卡之夜》《仲夏夜之梦》《三怪客泛舟记》《锁》《两杆大烟枪》。

悲剧：主人公陷入每况愈下的境遇，在或许避无可避的毁灭中锤炼了心智，故事最终以笑中带泪的肃穆感画上句号。例如：《李尔王》《公民凯恩》《红楼梦》《百年孤独》。

重生：主人公的人生陷入停滞，他们在身体上或是精神上被困于一处，试图重新寻找生命与活力。当某种救赎行为出现或心结解开之后，他们如焕发了新生。例如：《土拨鼠之日》《奥西里斯神话》《罪与罚》《秘密花园》。

啊，是的！你显然被困在了某种原型故事中。

注释

a. Christopher Booker, *The Seven Basic Plots: Why We Tell Stories* (New York: Continuum, 2004).

b. Ibid.

培养倾听的能力

除了会讲故事，我们还需要善于接受想法在早期阶段的样子。倾听是一种技能，它要求作为倾听者的我们能够对天马行空的想象心怀包容，而不是动辄失去耐心或对其嗤之以鼻。

会倾听与会讲故事同样必要，因为想象中的理念常常并不容易进行沟通。新的思维模型都需要经历面目模糊、条理不清的阶段，此时它的价值还完全不明朗。在苹果公司担任了 26 年首席设计师的乔纳森·伊夫（Jony Ive）是这样描述苹果应用程序商店的源起的：

> 随着各种各样的应用程序所蕴含的潜力逐渐清晰，开设一个应用程序商店的主意就应运而生了。但很重要的一点是，要知道这个想法只是刚刚起步，它的价值还很不明朗，它或可意会，但难以言传。我们做出过一些原型，但早期的原型产品实际上体现更多的是问题，而不是机会。这些早期原型产品与相应的技术解决方案极其原始粗陋，但把它们做出来是为了对我们的想法做进一步探索，而不是佐证其合理性。这些想法不只会在几周或几个月的时间内表现得不堪一击，有可能在数年的岁月间一直让我们如履薄冰。[12]

伊夫的设计团队解决了主体间性的问题：那些"脆弱的""模糊的"思维模型可以在他人的想象中焕发新生。这之所以成为可能，是因为设计团队的成员都是极具想象力的倾听者。他们可以从其他人提供的任何一点想法开始，顺着思路在脑海中形成自己的想象。举个例子，iMac 的开发始于设计师道格·萨茨格（Doug Satzger）一个还未成形的奇特想法。他建议团队做一个"像蛋一样的"东西。[13]

在大多数企业中，这样的建议太过离谱，很难获得后续的发展。试想一下，若你们公司的首席技术官（CTO）与副总（VP）有这样一段对话，结果会是什么：

CTO：你对我们的下一个拳头产品有什么想法？

VP：我一直在思考鸡蛋——鸡蛋的简约之处。在这个想法上我其实还没有取得实质性的进展，不过我对它充满期待。

然而，苹果公司的设计团队欣然听取了萨茨格对于鸡蛋的想法，并顺着这个启发一路探索下去，直到iMac问世。伊夫对这个底层心理活动是这样描述的："作为一个团队，我们彼此间有非常深厚的信任，因此我们不会因为紧张或担心某个想法听起来有些荒诞就将它踢出局……很多时候，这个过程中需要大量的倾听。"[14]

这种能够分享初期阶段的想法而不妄加批判的氛围不应仅出现在设计团队中。要想让一个想法在企业中得到传播，我们需要培养这种带着想象力去倾听的技能、为灵感寻找触点的能力，而不是把别人所说的话当成靶子横加指责。当人们带着对想象力的宽容去听取别人的想法时，就有可能会问自己："如果此人所说的事真有革命性意义，会是什么情形？""受鸡蛋启发而来的电脑会是什么模样？""我能从建议中那个奇怪的部分想到什么？"

有这样一些小诀窍能够帮我们从别人所说的话中找到灵感：对含混不清的想法保持宽容、对未曾有过的思考方向保持开放心态、不妄加评判、发自内心地愿意去鼓励与等待——要相信有好事等待大家一起去发现，就算眼下还没什么眉目。

我们可以通过一些方法在整个公司中训练或培养这些技巧：

- 修改人员聘用与晋升的标准，去发掘那些已经证明自己非常善于带着想象力去倾听的人；

- 在培训项目中，特别是在有关于团队建设与管理的培训中，增加一项对该技巧的培训；

- 在你自己的沟通过程中，或是在公司的活动上，大力宣传带着想象力去倾听的重要性。

支持中间人角色

如果想让具有创意的各种想法得到传播，那些能与企业中不同的小团体说上话的人具有非常重要的价值。我们可以把一个组织机构想象成一个群岛。这个群岛上的人关系错综复杂，被不同岛屿分隔开来。（参见图 6-5）

在一个网络体系内，我们大致可以把人分为两种："中间人"与"内部人"。"内部人"会待在同一个"岛"上，只与他们相熟的团队在一起。"中间人"会把各个"岛"连接起来，成为不同团体在主体间性上的桥梁。[15]

蒂姆·奥莱利是硅谷一位颇具影响力的思想家，"网络 2.0"这个说法就是由他提出的。他能够周旋于各种关系网络，算得上是"中间人"的一个绝佳例子。他谈到自己的一个项目，其中涉及与谷歌的前任首席执行官埃里克·施密特的对话：

> 我当时正在筹备一个名为"政府 2.0 峰会"的活动，旨在把硅谷与政府部门的人聚集在一起，也让我形成了"把政

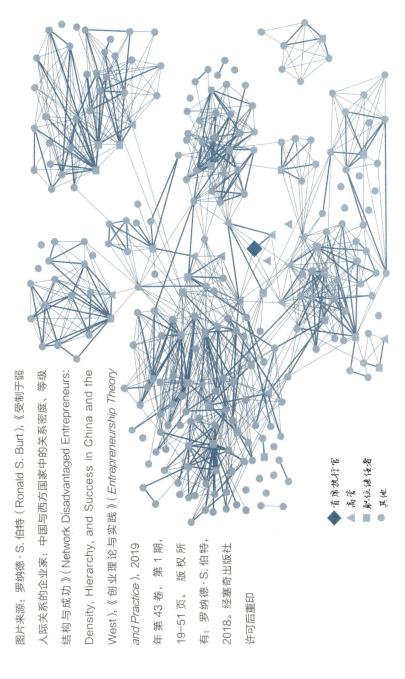

图 6-5 一家医疗健康公司中的关系图谱

图片来源: 罗纳德·S. 伯特 (Ronald S. Burt),《受制于弱人际关系的企业家: 中国与西方国家中的关系密度、等级结构与成功》(Network Disadvantaged Entrepreneurs: Density, Hierarchy, and Success in China and the West),《创业理论与实践》(*Entrepreneurship Theory and Practice*), 2019 年第 43 卷, 第 1 期, 19—51 页。版权所有: 罗纳德·S. 伯特, 2018。经塞奇出版社许可后重印

首席执行官

高层

职位继任者

其他

府当作一个平台"的想法。开始操办这个活动之时，我与埃里克·施密特聊了聊，因为我知道他在华盛顿参与了很多工作。他是这么对我说的："蒂姆，多找人去聊一聊，你自然就明白该怎么做了。这么干准没错。"[16]

奥莱利的做法与公司中通常会出现的做法完全相反。在公司中，我们更愿意与自己最亲近的团队去讨论，而不是"到处找人去聊"。一个对"岛内"的情况了解很深、行事效率很高的"内部人"自然非常重要，但一个公司同样也需要能够跨部门、跨公司进行工作的"中间人"。社会学家罗恩·伯特（Ron Burt）提到"以中间人活动为基础的创意具有一种导入–导出属性"。具体来说，中间人能够帮助一个想法得到推广与演化，他们把一个群体的思维模型翻译给另一个群体，创造出新的意外与重新思考的可能。正如罗恩·伯特所说的，"一个群体眼中平平无奇的想法，可能是另一个群体视若珍宝的独到见解。"[17]

"中间人"发挥了一个至关重要的作用，那就是把许多想法广泛传播到各不相同的大脑中去。这一角色加速了思维模型的演化，因为它沿着一条充满个性的价值链进行传播，串起了多种个人经验与思想储备，每个环节都为这个不断演化的思维模型提供了养分。

共同聚焦

借助一起玩耍的机会

除了进行沟通，另一种传播想法的方式就是把众人的注意力重新聚焦于同一件事。把两个或两个以上的人的注意力转移到同一件事上是一种形成共识的方式，有利于弥合各个主观意识之间的距离。大家一起玩耍是非常有利于上述情形出现的一种重要活动。

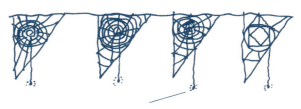

我只是发现它在摇摆，仅此而已。

游戏研究方面的里程碑式著作《游戏的人》（*Homo Ludens*）中提到，所有文化都为玩耍专门开辟了特殊的区域："竞技场、牌桌、魔术台、庙宇、舞台、荧屏、网球场等，它们从形式或功能上来说都属于游乐场所，有独立的区域划分，被围栏环绕，是很神圣的地方，有特别的规则约定。"[18] 由于玩耍与通常以目标为导向的工作是完全区分开的两件事，因此玩耍所使用的物理空间也成了另一种思维空间的标志。媒体企业家约翰·巴特利谈到自己打造了一个用来搞即兴音乐创作的房间，最后它却成了人们进行商业理念设计的据点（参见图6-6）：

这个房间里到处都是白板，有一个长长的吧台，上面放置着各种乐器。建好它之后我的朋友来到这里，惊呼："天啊，这太棒了，我可不走了。"于是我们在那里笨手拙脚地开始玩起了音乐。大约两个月之后，又有三个人加入了我们。

我从未料到的是，屋里的白板逐渐开始被写满了。乐队中的每个人都是某个企业中的领导者。第一个加入的朋友拥有一家健康科技领域的初创公司，另一人运营一家实体仓储公司，还有一人开了一家面向高级职位的猎头公司。这间音乐室不仅成了我们在音乐上过招的地方，也成了我们切磋想法的地方。白板上会写满各种疯狂的东西。然后逐渐有人听

图6-6　约翰·巴特利的即兴创作房间——包括音乐与想法

图片由约翰·巴特利友情提供

说了这个地方，打听他们是否也可以加入，到这里过过招。有新想法的人，准确来说是许许多多企业家带着他们的新想法来到此处，只为过一过"华山论剑"的瘾。[19]

这个房间就是这样一个场所，人们带来富有想象的思维模型，把众人的注意力集中于此。我们可以打造一些具有类似底层逻辑的空间。这样的场景设置不必是老掉牙的懒人沙发与色彩明艳的家具摆设。有许多方式可以把它们与日常所处的环境区别开来：灯光可以调暗一点，或是布置一些摆满奇书的书架，或是干脆安装一个信号干扰器把所有人的手机信号屏蔽掉，将大家的注意力全部集中到彼此身上，管它当天还有什么要处理的事务。

······我把它叫作"我的灵感之屋"。

正如巴特利所说的，一旦你找到这样一个好地方，"你就一定要了解如何才能开展一场真正有趣味、有水平、才思敏捷的对话"[20]。哲学家亚里士多德曾围绕这一点总结出一些系统化的建议。他观察到人在讨论过程中有两种不好的极端：一种是太过严肃与枯燥，一种是太过轻佻草率——这本身也算是另一种无趣。介于这两种之间的心理状态，就是亚里士多德所说的"机智风趣"（eutrapelia），或者说"良性调转"：能够俏皮地在严肃性与趣味性之间来回调转方向，让别人参与到精彩纷呈但又不失轻松愉悦的讨论中来。[21] 灵感就出现在一板一眼与插科打诨的状态之间，思想的火花从我们脑中迸发出来，惊讶到他人，启迪了他人，反之亦然，循环往复。

举办盛会

举办盛会是另一种同步众人注意力的方式，它能够让新的想法得到赞扬与认可，进而广为传播。这样的情况并不常出现：大多数的公司大会主要为目标设定、项目措施以及成果汇报所占据。BCG 亨德森智库所做的跨行业调查显示，55% 的企业领导者称自己所在的公司并没有新想法的分享与相互启迪的有效机制。[22]

瑞可利集团摸索出一套成功的模式：每年举办两场盛会，分别为"Ring"与"FORUM"（论坛）。在这两场活动上，员工在1000 多名同事面前，把新的商业想法以及有创意的工作改进思路做精练陈述（参见图 6-7）。这里展示的想法并不是已经确定的风险项目，而是推进中的工作。瑞可利鼓励员工去"分享'故事''诀窍''观点'，而不仅仅是'结果'"。

从遏制病毒大规模流行的角度来说，这种聚在一起面对面开展论坛的做法不是件好事。但从传播思想的角度看，这种做法是很强大的。的确，我们只有在确保安全的情况下才能组织这种线

图 6-7　瑞可利集团的年度 FORUM 盛会

图片由瑞可利集团提供

下活动（瑞可利 2020 年的活动是在线上进行的）。控制新冠病毒传播提倡保持社交距离，但是要放大某个想法，我们恰恰应当反其道而行之。瑞可利的盛会就是一个刻意而为的超级"散播"大会，当然此处为褒义。

　　这样的活动不仅对于传播不断完善中的想法极为有效，对于激发全新的想象历程也颇有成效。瑞可利调研了来自不同公司的 1000 名员工，寻找哪些措施能够调动人的内在动机，结果发现组织这样能够让员工相聚在一起分享想法的盛大活动正是最重要的五大因素之一。[①] 盛大的活动充分利用了人们对地位的天然

① 其他几大因素分别为：公司归员工所有的理念、向员工赋权使其有发展的机会、可以自由地向同事请教的氛围，以及高层领导者与基层员工之间的亲近感。

渴望，把反事实想法的效果进一步放大：万众瞩目带来的兴奋感与英雄地位的烘托对台上的展示者极具感染力。瑞可利非常重视这一点，它运用各种营销工具在全公司范围内推举出各种"创业英雄"。

- -

主体感知世界与客观世界

企业中的人们是如何共同看待世界的呢？ 20 世纪初期，爱沙尼亚生物学家雅各布·约翰尼·冯·魏克斯库尔（Jakob Johann von Uexküll）提出了一个观点，有机生物体并非直接按照客观环境（umgebung）本身的样子去感知它，而是受感觉器官所限，感知到了一个歪曲的版本。他把这称为"主体感知世界"（umwelt）。[a] 例如，一只没有眼睛的蜱虫，通过感知哺乳动物的汗腺释放出的丁酸感知世界。当它感觉到较高浓度的丁酸时，就从叶子尖上跳下来，足够幸运的话，它会落到一只路过的哺乳动物身上。它可以通过敏锐的温度来感知判断自己是否成功着陆，并摸索到没有毛发的地方附着其上并开始吸食。这就是一只蜱虫的整个世界：丁酸浓度、温度、有毛的地方或没毛的地方。从广义上来讲，任何有机生物体的世界观都不仅受感觉器官的限制，也受其进化过程中行动与沟通能力的制约。

从这一点上来说，人类也并没有什么不同：我们的世界观也受诸多因素的制约，比如我们的五官感觉、办得到或办不到的事，以及与他人沟通能力的高低。我们不会花太多时间去思考如何操纵电荷梯度、如何去飞或是如何读懂动物的想法，因为我们做不到——至少不借助外力做不到。

不过人类与其他动物所感知到的主体世界是有些区别的，这对于驾驭个人与集体想象来说具有重要意义。从个人角度来说，我们是可以意识到自己的世界观不够完整、不够客观的。并且我们可以通过学习、行动，或是通过自己的感受或想法有意识地去塑造它，还能通过技术手段强化自我的感官与能力，从而进一步将其丰富。我们可以把全球定位系统（GPS）、社交媒体与飞机等看作"主体感知世界的延伸器"，它们进一步扩大了我们对社交与行动的感知力，强化了社交与行为能力，最终也会强化我们捕获意外与激发想象的能力。

从集体层面上来说，我们可以通过人际沟通与组织环境的营造去理解与塑造其他人的主体感知世界，由此让企业中的人拥有共同的体验，或是接触到激发灵感的诱因。

每家企业都有自己的主体感知世界。它有可能很狭隘：有的企业或许会近乎偏执地把关注点放在自己的市盈率或净推荐值上，就像蜱虫一样，一味寻求从环境中攫取价值的最佳位置。另一种企业在更大范围内拥有多方面的能力与多重感知，即多元化的衡量标准与关注点，它们或许更擅长探索这个世界，找到新的细分市场，并反思自己眼界的局限性：它们想知道客观世界中还有什么是主体感知世界中所没有的。

我们可以采取措施去扩展与丰富我们在个人层面与集体层面的世界观，但做得到不到位、有没有一以贯之、是否积极主动、有没有考虑方式方法呢？恐怕都还没有。选择去这么做、学着去这么做，这正是本书的一个核心理念。

注释

a. J. von Uexküll, *A Foray into the Worlds of Animals and Humans with a Theory of Meaning* (Minneapolis, MN: University of Minnesota Press, 1934/2010).

一起迁移

转移阵地，共同驻扎

刺激集体性想象围绕一个想法快速展开的另一种方式就是一起去往某个地方，让团队沉浸在一个新的地理环境或社会环境中。以谷歌旗下的 Jigsaw 公司为例。这家公司所开发的工具主要用于解决互联网面临的全球安全挑战问题，比如黑客攻击或网络审查。公司常常把各个产品开发团队派到与产品的主要用户有关的环境中去，让他们沉浸式地进行产品开发。公司创始人兼首席执行官贾里德·科恩（Jared Cohen）用一个军事术语"人工情报"，来描述他们从个人体验而非数据汇总中获得的信息：

（早期阶段）大部分工作是人工情报的收集，这具有深刻的人类学意义。这种做法与我的背景不无关系：我接受过人类学的培训，也在情报部门承担过大量工作。我们当然可以坐在这里做出一系列假设。但是，在把技术人员派驻到现场对我们的假设做深入查证之前，我们不会继续推进或者着手开发什么。如果你参与的是反对网络内容审查的项目，你就要前往一个审查制度十分严格的国家，你会与当地的人进行沟通、会有所体验，然后去尝试用不同的方式解决问题。[23]

贾里德·科恩与 Jigsaw 团队走出办公室去了解信息流在实际中是如何落地的

图片由贾里德·科恩友情提供

共同探索

自主权的下放

分享与放大一个发展中的思维模型还有一种方式，那就是去共同探索，同步大家通过试验去探索世界的步调。要做到这一点，企业需要在时间与资源上给予员工一定的自主权，让他们有机会去启发他人、组建新团队、对新想法进行尝试。

瑞士电信公司（Swisscom）就有一套这样的体系来支持上述做法：给提出有创造性建议的员工一张卡片（参见图 6-8），让他们将卡片带给自己的主管领导，由此向领导申请在两个多月的时间内匀出一部分时间去开发这个新想法。

电商零售公司 Zappos 在自主权的下放方面走在了时代的前端。这家公司的 1500 名员工组成了 300 个小团队，也叫"圈子"，每个小团队都有权决定他们要做什么事以及如何根据团队创造的营业收入分配自己的预算。任何一名员工都可以新建一个圈子，或是向现有圈子的领导者兜售自己的想法。组织结构主设计师约翰·邦奇（John Bunch）是这样描述这个体系的："从前，只需说一个'不'就可以叫停一件事，但如今，只需要说一句'行'，就可以启动一件事。所以就算有 500 个人说'不行，我不愿意资助这事'，但你争取到了泰勒（管理着品牌团队）的支持，让泰勒觉得'这个疯狂的想法听起来棒极了'，那么只需他一句'行'，事情就可以操办起来。"[24]

原型产品是克服主体间性的另一种方法：把一个想法通过实物表现出来能够激发更多人的想象，把众人的智慧集中其上。正

图 6-8　瑞士电信公司赋予员工自主权去开发创意性想法

图片来源：瑞士电信公司内部创业计划的负责人、Getkickbox 联合创始人兼首席执行官大卫·亨加特纳（David Hengartner）于 2020 年的演讲中提及，由瑞士电信公司友情提供

如苹果公司的伊夫所说："当你首次把一个想法通过实物形式展现出来时，一切就都变了。这是最彻底的一个转折点。因为这个想法不再是专属于一个人的思想产物了，也不大会再被解读成其他模样。它就在那里，让很多人统一了想法。"[25]

对一家富有想象力的公司来说，下放自主权的目标就是要打造一系列尚未成气候的初期项目，对各种创意想法进行试验。比如说：

- 一名员工研究在咖啡馆中提供餐食的新方式；
- 一家银行的分行试用新的楼层设计方案；
- 一个团队就一个新的想法临时进行了客户采访；
- 一位合作伙伴做了一个有关增强现实的实验；
- 其他。

暂不必追求精确

当一个想法已经扩散至一个小团队，并在大家的努力下进行过尝试之后，总会在某个时刻出现一些被用来判断是否还有必要继续支持与扩大它的标准。这一点不太好把握，因为存在主体间性的问题：当一件事还是某个人脑海中的一个主观思维时，它很有可能还未被清楚地定义，不具备测试条件，那么你又如何能对它做出裁断呢？

公司通常会用一些以详细数据与分析为支撑的财务指标去衡量成熟的项目。然而对于早期想法，这种做法却万万用不得。我们应该做的是减少对结果提出明确要求，并且应按照想法的发展阶段去调整评估策略。最后，总有一天我们会问："这个想法能帮我们赢利吗？"但在此之前，我们应该问以下问题。

1. 有人喜欢这个想法吗？ 宾夕法尼亚大学医学院的首席创意官罗伊·罗辛与我们分享了这个标准。关于早期阶段的想法，他要问的第一个问题是：会不会有人喜欢这个主意并愿意去推进它？这个想法有没有支持者？这个粗略的评估能够引导我们确认什么样的想法会在初期赢得时间与金钱上的支持。[26]

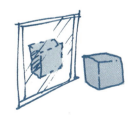

2. 其他有创意的人是怎么想的？ 辉瑞公司首席科学官兼全球研究、开发和医疗总裁米卡埃尔·多尔斯滕（Mikael Dolsten）会找到一些能力高的"概念建造者"，也就是成功地把思维模型进行过

重新想象的人，然后咨询这些人对其他同事提出的早期想法有什么样的初步看法。[27]

3. 它会带来有趣的结果或大好的前景吗？ 即判断在这一想法上的投入是否会产生有趣或有前途的结果。这个结果（暂时）不必比现有的做事方式高明，它只是一个很好的起点。举例来说，假设一个办公用品公司的销售团队中有人产生了一个想法，希望在向企业客户销售文具的同时销售一些基本款急救包。如果有小部分客户对此表现出兴趣，那么把这个做法小范围推广到更多销售人员中去或许值得一试。至于这个做法是否更具优越性——把它加入公司的产品清单并大规模投入是否可以获利——可以留待以后再说。

4. 关于如何取得成功，你是否有故事可讲？ 随着一个想法趋于成熟，我们可以问一问参与其中的人是否能够描述出一条听起来行得通的成功路径。多尔斯滕说："他们得告诉我，为什么我应该相信这个想法是处于上升趋势的。在这一点上，我的标准在于'你必须让我相信这件事没有言过其实，因此也不会有登高跌重之险'。"[28]

5. 它有没有吸引更多的支持者？ 如果一个想法能够激起最初的核心拥护者以外的人们的热情，这就意味着这个想法值得我们在

对它的想象上投入更多的资源与时间——这是瑞可利为早期项目提供经费的一个标准。

6. 人们愿意为它买单吗? 随着经验的积累、原型产品的完善,看看小范围内(全面试运营之前)有没有人愿意为它花钱也是一项有用的指标,我们在 Turo 公司的例子中就看到过这一点。

7. 它比现有的东西更好吗? 我们在评估反事实思维之时,首先出现在脑中的或许就是这一条标准。然而,只有在某个想法完全达到之前的标准,经历过重新想象、重新打磨的更迭过程,并开始释放出一定的潜能之后,我们才应该考虑这个问题。

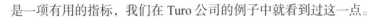

阻碍集体想象的因素

企业中有一些共性的问题,阻碍了各种想法通过集体的努力得到发展。

过度合规

这个问题指的是人们一味按照既定流程与习惯做事,以至于反事实想法没有机会施展。这正是人们常常抱怨的官僚主义。合规性的要求降低了听者带着想象去倾听的能力,他们无法把自己从"这与现有流程不符"的想法中解放出来,以轻松的姿态去品评一个饶有趣味的新想法。新颖的事物被当成洪水猛兽，因此反事实的新思维模型仍然只是困在一个人的脑海中。解决办法：强化这样一个概念，即思考不等于行动，因此风险极小，而且如今我们习以为常的一切最初也都是新颖而陌生的。

鱼龙混杂

这个问题在于分享了太多的想法，但没有标准来确定哪些具有发展潜力，也就是说一些好的想法被埋没于嘈杂之中。对许多大公司来说，早期想法太多但又未被进行筛选与推广，这个问题与缺乏想象力相比，算不上普遍，但它对于寻找与关注公司新的发展方向来说，危害性同样很大。这个问题的解决办法如下：采用以阶段-关卡为特点的门径管理方法（stage gates）①，设定财务标准介入前的其他过关标准；搁置某些列于次要地位的想法；给项目提前设定好时间框架。

各自为政

企业通过分工来实现规模经济，人们总是或被动或主动地去到不同的团队中获得属于自己的身份。这就导致，如果没有力量去弥合团队间的割据倾向，团队间各自为政的局面会不断固化——这就是企业版的"诸侯割据"，要么互不关切，要么斗得

---

① 门径管理系统（stage-gate system，SGS）是由罗伯特·G. 库珀（Robert G. Cooper）于 20 世纪 80 年代创立的一种新产品开发流程管理技术。这一技术被视为新产品发展过程中的一项基础程序和产品创新的过程管理工具。——译者注

你死我活。团队以及团队间的矛盾会一直存在，但能够对想象力形成支撑的则是一个"联邦"体系，它有清晰的共同目标，能够让思想与人员得到流动。要想形成这样一种局面，需要大力宣扬与奖励合作，认可并支持中间人的作用，并允许人们自发组成新的团队与工作联盟。

去人格化

这个问题指的是想法与其拥护者被分离开。在疫情流行期间，我们会采取一系列措施阻止病毒蔓延，其中主要的一个措施就是把病毒携带者隔离起来。但对想法来说，我们所希望的恰恰相反，我们希望怀揣创意思维的人能够把想法扩散给尽可能多的人。如果一个创意理念背后的人被社交疏远，也没有被公司的主流关注，这个理念得到传播的可能性就大打折扣了。

推荐游戏

游戏一：乱麻一样的创始期

在成功的企业中，有些即将退休的高管在他们的告别演讲中会半开玩笑地说，如果放在今天，他们不确定公司是否还会聘用自己。这是一种谦虚的玩笑，它的潜台词是公司的发展与当年已不可同日而语了。然而还有一种可能是说公司不会再聘用像他们这种能够帮助公司成长的人了。

这个游戏旨在帮人回忆与欣赏公司在初创阶段时千头万绪、

一团乱麻的状态，找回一切都变成现实、变得熟悉、变得令人刮目相看之前，那些关于业务的反事实思维模型最初的状态。

深挖你公司的早期历史与公司创始人的故事，研究最初奠定公司基础的商业想法由何而来，又是如何得到发展的。尤其要关注思维方面：当时最具主导地位的信念是什么？在大多数人都没有这么想过的情况下，充满想象地去探索这种全新的可能性是种什么样的情形？不必拘泥于当时的时间与数据，重建与这些事件相关的具体人物故事即可。

一旦你感受到当时普遍存在的思维模型与新出现的创意想法所带来的冲击，就可以即兴组织一次对话：一个人扮演当时顾虑重重的务实主义者，另一个人则扮演试图把想象中的思维模型分享给众人的创始人。看一看这个过程中会出现什么样的阻碍与反对意见。

然后如法炮制，围绕现在的某个重大想法重复上述动作。关注一下在如今这个年代是什么样的思维与社会阻碍抑制了新想法的繁盛。

这个游戏的价值在于，能够让人去探索公司是如何从一个走走停停的想象过程起步的，这个过程在如今职业化的运营中恐怕早已被淡忘了。同时，这个游戏还有助于你把当时的某些早期思维引入现在的领导工作。开始推测与探索下一个重大变革所蕴含的潜力吧！

游戏二：起名游戏

选一个你还在想象中的想法，用不同的方式为它命名，可以选一些最极端的名字版本：

- 从功能性着手：类似于"格里菲斯改良的地毯除尘真空设备"；
- 从熟悉性着手：类似于"苹果手表"（尽管它并不是真的手表）；
- 从关注度着手：挑战 FCUK 这样的名字。

与一名同事交换想法，也给对方的想法取一些名字；然后对结果进行比较，选一些你最喜欢的名字。如果这个名字完全说得通，可以利用它把你的新想法通过电子邮件传达给团队或更大范围内的人。

值得一问的好问题

在想象力还处于扩大与传播阶段的时候，可以问自己以下一些有用的问题：

- 应该如何给我们所追逐的想法起个容易理解的名字？
- 关于这个想法发生了哪些扣人心弦的故事？
- 新想法背后的英雄是谁？
- 为了推进这个想法，相关团队应该深入什么样的环境？
- 我们是否会对传播想法的中间人物表示认可？
- 对于评估处于早期阶段的新想法，我们有没有合适的评判标准可依？
- 好主意是否能在员工之间轻易地被分享？

组织机构诊断

我们可以通过这些行动与阻碍因素去判断自己是否创造了一个有利于集体想象发生的环境。每一个问题都与本章所讲述的一种措施相关。

	相关举措	从不（1分）	极少／少于一年一次（2分）	有时／每月到每年一次（3分）	经常／每周到每月一次（4分）	一直如此／每周多次（5分）
我们公司会给新的、有创意的想法命名（即为其创造一个标签）。	命名					
员工会使用类比、趣闻，富有激情的表述以及其他讲故事的技巧，而不是只会做信息的沟通。	培养讲故事的能力					
人们会在想法仍处于早期阶段、尚未成形的时候进行分享。	培养倾听的能力					
员工会在公司中不同的团队与业务间建立个人关系。	支持中间人角色					
我们会为员工组织论坛，让他们展示新项目与新想法。	举办盛会					
我们公司的项目决策与资金支持是以去中心化的方式进行的。	自主权的下放					
职位不高的人在我们公司可以组建新团队去进行试验与项目的试运营。	自主权的下放					
总分						

把总分加起来后，你会看到你们公司现在的情况：31~35分，优秀；21~30分，良好；11~20分，中等；0~10分，差。

你可以访问www.theimaginationmachine.org去对比自己与其他公司的得分。

第七章

新常态

在麦当劳出现之前，世界上首家快餐连锁品牌叫白色城堡（White Castle）。1916 年，厨师沃尔特·安德森（Walter Anderson）在美国堪萨斯州开了一家汉堡店，发明了一种全新的汉堡制作方法（把肉饼做薄一点，在上面加洋葱）。问题在于，由于涉及健康问题，彼时汉堡并不受欢迎——当时汉堡主要是在午餐车上与嘉年华活动中进行售卖，肉的质量不高，卫生状况也比较差。[1] 安德森想象并创造出了一种新汉堡，但要想充分挖掘新汉堡的潜力，他需要构建各种体系与流程，让数百万人对这种全新的可外带快餐汉堡习以为常。

安德森碰到了一位商业合作伙伴——房地产与保险代理人比利·英格拉姆（Billy Ingram）。他设想出了一个商业帝国，打算围绕这种新型的汉堡建立多重环环相扣的关联业务。1921 年，他们开始打造这个企业，把公司重新命名为"白色城堡"有限公司。（参见图 7-1）

图 7-1　沃尔特·安德森与比利·英格拉姆是首家快餐连锁品牌"白色城堡"

的创始人

图片版权所有：白色城堡。经许可转载

　　白色城堡的系统即"白堡体系"是一个执行脚本——它是一套说明，明确写进工作手册、宣传册、海报、培训方案、广告与个人沟通指导中——确定了不同工作职责下众人应秉持的思想与可采取的行动。这其中多数人没有参与过最初想法的设计，很多人甚至都没有见过安德森和英格拉姆本人。如堪萨斯历史学会（Kansas Historical Society）所书："白色城堡之所以取得成功，是因为公司开发出了各种操作标准。安德森创造出了纸帽、纸包汉堡、备餐手册以及员工清洁与仪容仪表准则。"[2]（参见图 7-2）

图 7-2 某家白色城堡店内，1947 年

图片版权所有：白色城堡。经许可转载

这个体系包括许多元素：简约的菜单、亲民的定价、密集的营销，还有标准化的烹饪流程、着装规定以及定期清洁的搪瓷面板店面。[3] 此前从未有人开过快餐连锁店，因此这样的基础设施并不存在。安德森与英格拉姆所创建的正是我们今天所称的"商业生态系统"。他们建了肉类供应厂、烘焙店以及两家辅助企业：一个是 Paperlynen 公司，用来为饭店生产纸质用品；另一家是瓷钢建筑公司（Porcelain Steel Buildings），为他们制造独特的预制瓷钢墙。截至 1931 年，白色城堡已经有了 131 家门店，到 1961 年，它已经成为首家卖出 10 亿个汉堡的饭店。如今，它已成立 100 年，仍在正常运营。[4]（参见图 7-3）尽管白色城堡最终在规模上被其他公司超越，但它塑造了整个行业。

图 7-3 白色城堡，2020 年

图片来源：环球影像集团北美有限公司（Universal Images Group North America LLC）/Almy stock photo

· · ·

　　白色城堡的发展历程告诉我们，如果你想充分利用集体想象，就需要把你的创意想法变成一种新常态，要做到这一点，对于已经存在的公司来说就意味着大范围的变革。本章将会研究如何通过可升级的脚本理念实现这一点、创建这样的脚本有哪些最佳实践、阻碍它的因素有哪些，同样还会指出哪些游戏会带来良好的效果、哪些问题值得一问以及如何进行组织机构诊断。

章节概览

重塑现实的挑战

如何编写可升级的脚本？

　理解

- 成功之后的反思
- 找准精髓

　表述

- 明确目的
- 脚本应注重行动
- 现实主义者的部署

　升级演化

- 允许员工酌情做决定
- 升级现有的脚本
- 清理脚本

阻碍脚本升级的因素

　过度照章办事

　过度关注制造方

　控制欲

　试图做到"相互独立，完全穷尽"

推荐游戏

　游戏一：没有冲突的公司

　游戏二：脚本汇编

值得一问的好问题

组织机构诊断

重塑现实的挑战

如何才能创造一个全新的现实呢？当我们想到公司的时候，往往会关注物质方面——产品、仓库、店面、实验室、雄伟的总部等。但正如我们在第四章谈到的，商业是思维模型的产物。比如说乐高，它一度名不见经传，现在却不容小觑，原因可不是一些工厂生产出了彩色的积木这么简单。如果把一些乐高积木拿给一个生活在公元前30000年的穴居人，他不会知道这个东西能用来做什么。乐高产品之所以能改变世界，是因为乐高集团创造了一种执行脚本，塑造了员工与客户的想法。这个产品与思维相关的那一面得到了清楚的说明与传播，人们对这些彩色的物件是什么以及该如何使用它们等思维层面的问题形成了广泛的共识。如今，这一切都有条不紊地关联着一个人们耳熟能详的名字——乐高，即使在历史的长河中，它也曾寂寂无闻。

企业最不简单的一点在于，它们虽来自思想，却有重塑现实的惊人力量。对于有史以来的苹果手机的总重量，人们有一个大致的估算，约为3.74亿公斤（22亿部手机，平均每部170克），也就是经过采掘、改造、发往全世界后进入人们口袋的原材料重量。就算卡尔·马克思与弗里德里希·恩格斯这样最严苛的资本主义企业批评家，也无法不对此心生敬畏：

> 资产阶级在它不到一百年的阶级统治中所创造出的生产力，比过去一切世代创造的全部生产力还要多，还要大。自

然力的征服，机器的采用，化学在工业和农业中的应用，轮船的行驶，铁路的通行，电报的使用，整个大陆的开垦，河川的通航，仿佛用法术从地下召唤出来的大量人口——过去哪一个世纪能料想到社会劳动里蕴藏有这样的生产力呢？[5]

苹果、三星、通用电气、埃克森美孚、耐克等大公司的力量很容易让我们相信它们的身份和力量源自物质世界。但一个公司甚至不具备一件简单的物品所具备的物质稳定性，比如一只鞋。如果你脱掉一只鞋，把它丢在一个角落，它就会一直待在那里慢慢老化降解，直到化为尘土。公司的本质并不是物质的：它是人们脑海中一系列相互关联的思维模型，按照公司的一套执行脚本运作而来。如果人们不再想或是不再需要在公司中扮演自己的角色，那么这家公司几天之内就会灰飞烟灭。

企业的核心就是一个能够统御全局的思维操作系统：它是一个能够把规则、流程与战略做清晰界定的执行脚本，但只能在人的大脑中运行。编写与执行这样的脚本就是我们重塑现实的方式。当一个脚本开始运行，它就创造出一种制度、一个能够统筹大量资源的企业，让人们对新理念与新做法熟稔于心，最终，一个新现实的结构基础就成形了。白色城堡公司最终创造出了一个新常态，公司的门店在强大的供应链支撑下遍地开花，数百万人从这里购买汉堡，并且毫不怀疑食品的安全性与可口度。

我们如何才能做好这一点？如何才能把想象中的思维模型转化为创造新常态的基础呢？

我们的创意项目在当时取得了成功。如今我很高兴地告诉您，
现在人人都觉得它无趣又普通。

如何编写可升级的脚本？

我们也许会把各种政策与流程视为想象力的终点甚至是它
的对立面。但把一个想法制度化实际上是对想象力提出的另一
种挑战，因为我们必须通过反事实思维来构想一个全新的现实，
以及思考实现它需要一个什么样的企业机器。在反事实思维落
地的问题上，白色城堡公司成绩斐然：它给出的是一个以前从
未出现过的商业脚本，不仅能够清晰地引导他人，而且在实践
中非常有效。

我们所说的商业脚本指的是任何能够推动人们思想与行动的
指导方针。举个例子，假如你经营着一家影院公司，你希望重新
构想一个运营电影院的思维模型。为此，你需要为新影院与配套

服务编写一个脚本——你需要传达给加盟商、客户、供应商的指导原则与详细说明，这些角色将要与你共同开创并存在于这个新常态中。

编写与运行一个有效的企业脚本有三个步骤：理解、表述、升级演化。

理解

我们首先需要了解在我们的创意想法中有哪些核心价值——弄清楚关键的构成因素、其间的因果关系以及哪些只不过是偶然因素。这是我们想要捕捉并编写进脚本的主要价值。

成功之后的反思

当某件事行不通的时候，我们通常会下功夫琢磨哪里出了问题。但避免失败并不意味着成功，且一次成功也不意味着以后必然会次次成功。事实上，取得成功的过程通常要比落败更加复杂、更加玄妙，因为它需要各方面的成功相互作用，而反观失败，通常只需要一个或少量环节出错就够了。

在竞争中落败的一方常常会暂时停下来，进入一段深刻的自我反省期。理想情况下，成功也应该触发人们的深度思考，因为这是复盘一件事为什么能取得成功的最佳时间，还可以借机整理出可以进行复制的成功模式。

在 BCG 亨德森智库，我们取得任何一次重大成功的时候都会敲一次钟。钟声不仅表示一种庆贺，也意味着我们需要停下来想一想，把走对的那些路记录下来（参见图 7-4）。钟声响起后，

人们通常不会在这个时候进行自我反思

图片来源：PA Images/Alamy Stock Photo

团队会聚在一起研究每一件对我们走向成功发挥过作用的事，并把它加入我们的秘诀手册（简单的、可演化的脚本），为日后重要的常规工作所用，比如说研究和开发一个新想法的时候。任何企业都可以采用类似的做法，把它作为编写新脚本的起点。

找准精髓

当我们取得成功后抽时间去进行反思时，一个关键的事情在于要找准促成这件事取得成功的本质因素。例如，20 世纪 90 年代末，阿迪达斯开始探索鞋品定制化的理念。团队高效地把这个想象利用起来：他们重新思考了买鞋的体验，在现实中进行尝试，然后再思考、再去做试验，就这样一路从这些试验中挖掘到了获

图 7-4　为讨论成功的原因而设的钟

图片来源：杰克·富勒摄，2019；由 BCG 亨德森智库友情提供，版权保留

一个充满想象、喜欢思考的团队，在取得成功后会认真回顾到底做对了什么

图片来源：克劳迪奥·维拉（Claudio Villa）摄／盖蒂体育图片，盖蒂图片社

得成功的核心要素。他们发现，相比于款式设计的个性化，客户更在意能否做更合脚的定制，这是他们之前未曾料想到的。这个发现成了一个全新的组织行为脚本的编写起点，阿迪达斯最终将其执行下去，并改变了数千家门店。[6]

　　另一个提取出成功基本原则的例子来自教育家玛利亚·蒙台梭利（Maria Montessori）。早在 20 世纪初期，她就把自己的教育理念从单一的成功案例变成了一个可供他人参考、模仿的脚本。作为罗马一所学校的教学主任，她注意到了一个学不会缝纫的孩子。她让这个孩子做了很多其他尝试，发现这个小女孩虽然在缝纫上非常吃力，但非常喜欢把纸编到一起。[7]蒙台梭利让这个学生把关注点放在她喜欢做的事情上。之后，这个小女孩也轻松掌握了缝纫的技巧。这对蒙台梭利来说是一次想象上的成功。但这远不只是一个一次性的成功实践，因为她从这次际遇中挖掘到了一些核心原则（参见图 7-5）。

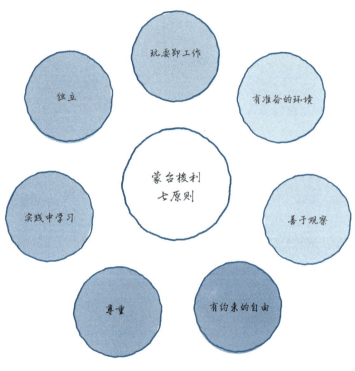

图 7-5　蒙台梭利七原则

蒙台梭利从这次小小的成功中得出了一个重要的观点："在要求孩子执行一个任务之前，我们应当切实找到一种能够教会小孩子如何去做的方式，这个过程需要让孩子反复练习，但练习的不必是任务本身，而是能够让孩子为这项任务做好准备的那些事情。"[8] 这一点就是"蒙台梭利教学法"这套脚本中的"有准备的环境"原则。这个教学法让罗马的这所由重新想象与可扩展脚本所塑造的学校脱颖而出。如今全世界有两万多所学校纷纷效仿，也让蒙台梭利教学法成了传播最广泛的教育方法。[9]

再来举一个例子。英格拉姆研究安德森大获成功的小汉堡店时，发现其中一个必不可少的因素就是干净卫生。他们郑重地把这一点加入"白堡体系"，并通过宣传海报向每家门店的员工传达这项要求（参见图 7-6）。

脚本中的这个元素同样也成了白色城堡与客户沟通的要点。在一个城堡形状的小册子中，白色城堡强调了他们的食物"一直处于现代化电冰箱的保护之下，在干净到纤尘不染的城堡中为您奉上"（参见图 7-7）。

对当时大众食品行业中的其他人来说，关注干净程度似乎既不急迫，也不必要。客户对此也没有预期。大多数厨师与店主可能认为自己的任务就是提供餐食，或是与顾客们聊聊天。能够头脑清晰、笃定自信，并在保持独立思考的前提下把关注点放在干净卫生上，这为企业脚本的成功奠定了基础，也让整个餐饮行业发生了根本变化。

要想把必要因素与偶然因素区别开来，我们应当关注有以下特点的因素：

- 对于成功至关重要；

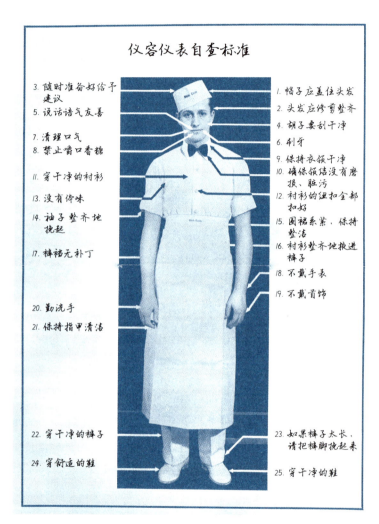

图 7-6　白色城堡仪容仪表标准图，1956

白色城堡公司的核心因素之一：健康卫生与整洁的仪容仪表

图片版权所有：白色城堡。经许可转载

图 7-7　白色城堡宣传册，1932 年

塑造顾客的思维模型

- 并非显而易见；
- 不容易实现，也就是说需要有一个明确的执行脚本；
- 不同于世上其他类似的事物；
- 有促进发展的作用，也就是说当你做对一件事时，许多其他好事极有可能会紧接着发生。

表述

当理解了什么对于一个新创意取得成功必不可少之时，我们就需要把这些因素清晰地写入公司的脚本：给出或具体或概括的指导建议，便于那些完全不了解或没体验过这个思维模型的人以及那些暂时还没有受到启发的人，也能够在这个思维模型的实现过程中贡献他们的力量。（参见"企业脚本的元素"模块内容）

明确目的

为了具体说明谁应该做什么事，你必须首先明确你的目的。目的就是一种目标，是对你希望实现的事物的一种描述，是全部努力的方向所在。要描述你的目的，你需要找到自己在以下方面的交汇点：

- 渴望：根据你的思维模型，你构想出了哪些激动人心的可能性？
- 能力：在现有或未来能获得的资源条件下，你有可能做到什么？
- 背景：需要完成的工作处于你所在的什么宏观体系下？

目的的一个重要功能就在于它能够避免人们盲目地追求脚本中一些战术层面的东西，导致人一叶障目、看不清整体意图。亚马逊的首席执行官杰夫·贝佐斯在2016年写给股东的一封信中提到，公司领导者必须"抵制代理"，意思是"流程并非目的"。[10]一个代理就是一个中间目标，就像在一个工业设备公司中"削减维护成本"，你可能在这件事上花费了巨大的精力，但它却不是总体目标。过度关注中间目标的危险在于集体的努力最终被带偏了方向，比如从你的角度来说，客户会不会租用你的设备、你还有没有库存……这些问题开始变得无关痛痒。[①]

---

① 机器智能的例子就是对这一点的一个极端证明，因为人工智能善于实现与某个具体任务相关的目标，但很难对整体目标做出解读。哲学家尼克·波斯特洛姆（Nick Bostrom）在他的《超级智能》一书中举了一个极富想象力的例子：一台超智能的计算机接到一个"制作回形针"的任务，结果它用尽了所有可能实现这一目标的资源，最终耗尽了整个地球，把宇宙中很大一部分变成了回形针。

企业脚本的元素

哪些不同的元素可以放入企业脚本或机构建设的脚本呢？这些元素指的是能够塑造人们思维与行动的各种指导原则（通过操作手册、宣讲演示、培训活动、隐含在设计中的使用说明、营销材料、相互讨论等形式进行传达），能够达到开创新现实的目的。

我们可以把一个脚本中可能需要的元素想象成一幢房子的各个组成部分。顶端是"目的"，是统御全局的总目标。它勾勒出有助于个人发展与集体繁荣的促成因素，为整个企业的发展把握方向，同时也代表着我们对发展前景的热切希望。也正是通过如此种种，目的把一项商业活动与它所处的社会体系连接了起来。例如，经过重新构想的银行，它的目的可以是让人更加愉快、明智地把钱用在影响我们生活的方方面面。

目的的下一层是战略，也就是在追求目的、达成目标以及各项衡量指标时，一切能够帮我们在竞争中胜出的事。战略设定了一个个具体任务目标，引导我们取得进展。

战略之下的是一系列有可能被纳入企业脚本的元素，用来说明实现最终目标的具体措施：

原则：可以在许多情况下运用的关键指南。比如"酒店中面向客户的员工如果有办法解决客人问题，应当见机行事"。

规定：关于应当执行或规避的具体行为的描述。比如"每两小时打扫一次饭店"。

礼节规范：包括原则与规定在内的行为准则。"礼节"这个词来自外交领域，比如说"组织国宴应遵循如下二十五条规定与六项原则"。

在企业中，我们对接打投资人电话、接洽新客户、组织招聘面试等场合可能也有相应的礼节规范。

流程：为达某种特定目的或取得某些结果所需的系列行为。比如烹制牛肉饼、组装汽车、分析客户指标、测试新药等事物的顺序与步骤。

职责描述：个体角色的优先任务与职责。比如"这个重新构想下的房地产公司需要房地产经纪人具备履行下述职责的各项能力：与客户建立情感交流、给予设计建议以及帮助客户进行财务规划"。

上述每一项指导意见都蕴含着胜败攸关的关键细节。比如说汉堡的烹制时长、购物时间里店内的理想温度设置、工厂的最低库存水平、所有玩具应满足的兼容性、药物生效的最低要求等。

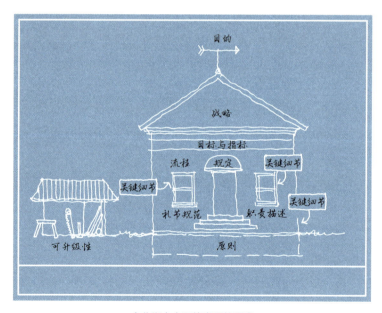

企业脚本中可能出现的元素

可是先生，如果我们让所有客户都进来，我们店里就永远达不到要求的温度！

最后，企业脚本中还有一个非常重要的方面——脚本的可升级性。它指的是企业脚本根据变化与意外信息进行适应与调整的能力。我们会在本章后面的部分探讨这一主题。

脚本应注重行动

当人们希望把脚本中的各种元素清楚地表述出来，以便对新现实的打造进行指导时，很容易把着重点放在描述、解释或合理性说明上。但无论你是通过公司手册、入职培训还是个人交流的方式进行沟通，脚本中的每一项内容都应该服务于如何去推动与指导人们的行动。

为了弄清楚什么样的脚本算是一个好脚本，可以看一下以下三个体育教练指导新运动员跳鞍马时的做法。

第一名教练告诉学员要"根据目标物的高度使用你的最佳速度与最优起跳角度"，紧接着开始讲解质量与动量。

第二名教练只是简单地说"不要有杂念"。

第三名教练告诉学生："向你的座椅边缘靠过去，用你的手臂把身体撑起来再落下去，当你跑向鞍马的时候要记住这种感觉。"

你如何为跳鞍马这个动作编写脚本？

图片来源：荷兰国家档案馆/知识共享组织（Creative Commons），Sterling/Anefo 所摄

"考虑版量速度……"

"放松心情，排除杂念。"

"扶着椅子把自己撑起来。"

哪个教练的效果有可能最好呢？第一名教练的理论非常正确，但这样的指导太复杂了，难以直接应用到行动上。这种情况在企业脚本的编写中也很常见。在波士顿咨询公司的一个项目中，我们对一家制药公司的运营进行评估。这家公司就安全管理问题有数百页流程与约定——都是理论上的，就是用大量细节写就的一个关于该企业机器应如何运转的脚本。但是没人能理解，因为对任何人来说，要把它读完都很困难。

第二位教练的解决方案的确非常简单——"不要有杂念"，但对未经过训练的运动员来说，这样的指导意见并没有用。对应到企业中，可能会是这样一个场景：一名副总询问首席执行官："我应该如何把这个项目规模扩大，以覆盖整个拉美市场的一千家门店？"他得到这样的答复："放手去干吧。大胆点，相信自己。"

第三名教练的方法正是我们应当追求的。她弄清楚了最要紧的核心动作——跳鞍马最关键的部分在于肌肉的运动——并用人人都能听得懂的方式加以描述。

关于便于记忆、易于实操的行为准则，一个非常恰当的例子就是苹果公司给门店员工制定的"Apple"规则。

- A（approach, 接近）：用带有个人特色的方式走近客户，并向客户表示热烈欢迎。

- P（probe，研究）：用得体的方式去了解客户的所有需求。

- P（present，展示）：给客户提供一种当天可以获得的解决方案。

- L（listen，倾听）：倾听并解决客户的问题与疑虑。

- E（end，结束）：服务结束时与客户真诚告别，并欢迎对方下次再来。

这样的行为准则有种简约之美，既容易理解，又易于操作。它被苹果门店的员工称为"信条"，员工每天也会开会就这五条中的某一条进行探讨，并在团队中分享相关案例。[11]

没错，对这个愿景我们深表赞同——不过有没有人知道怎么使用这个煎锅呢？

复杂的规定传递信息的效果并不好，人们难以理解，也难以运用。在编写企业脚本的时候，我们应该像中场休息时的体育教练一样思考：我怎么样才能够在仅有的几分钟内通过语言与图表抓住队员的注意力，指导他们如何观察、思考与表现呢？

现实主义者的部署

编写脚本的时候，一个非常有价值的做法是把那些能够务实地思考什么可能奏效、什么可能出错的人用起来。投资专家比尔·詹韦对于想象力是否接地气非常重视:"我认为只有当想象力是根植于我们所处的境况以及我们因此应着眼的起点时,它才是有建设性的、有成效的。"[12]

自认为富有想象力的人与自认为务实求真的人,通常来讲在工作中不容易配合好。但看待务实主义者有这样一种方式,他们的想象力有一些特别的倾向:由于他们对现实的复杂性有清醒的认识,他们的反事实思考会更加关注执行层面可能出现的挑战。想象力是对当下现实的思维模型进行调校后偏离的部分:太过务实就不会有创新,太不切实际又会成为无法成真的一场空想。理想的调节尺度对不同成熟度的思维模型来说有所不同。过早引入务实主义者会抑制想法的发展,而在企业脚本编制之时引入务实主义者则会带来显著的成效。在阿迪达斯的个性化鞋品案例中,这种务实主义者的思维可能会跳到以下几方面:

- 人们对新设备的成本由谁来负担有不同预期导致的与全球零售合作伙伴合作存在的困难;
- 把定制化融入阿迪达斯现有的部门体系存在的挑战,因此在该项目的规划中要重新考虑阿迪达斯的内部结构;
- 在阿迪达斯现有的工厂中进行定制化生产存在的困难。

把愿意关注现实中棘手问题的人引入企业脚本的编写,将有助于我们捋清楚什么样的想法与行动会有效地重塑现实。

升级演化

编写企业脚本时需要总体考虑的一点是脚本应该可以进行升

级演化，即随着需求与机会的变化而变化。

允许员工酌情做决定

一种加强企业脚本可升级性的方式是允许个人进行自由裁量。当企业脚本中的行为规范被解读为"按指导意见执行，不需要思考"时，人们总是很容易被变成（不智能的）机器人。恰恰与之相反的是，企业行为规范应当能够借鉴执行人的想象力，并为这样的想象留出空间。

正如上一章中提到的，电商零售公司 Zappos 在这一点上做得很好。这家公司背后的脚本是一种被称作"合弄制"（Holocracy）①的组织形式，它容纳了许多像初创公司一样的自主型运营团队。[13]员工可以随意加入或离开团队，并且团队与个人都可以编写全新的企业脚本。就像创始人谢家华对我们所说的："如果一名员工想启动一个新圈子——开一家纸杯蛋糕店，这样的想法很好。我们唯一的要求就是这个蛋糕店一定要符合我们向客户提供最优服务、给客户最佳体验以及传达公司文化的最终目的。"[14]

这样的自主决定权是通过企业脚本中的另一个关键因素来平衡的：责任三角，它是每个团队在自我引导的过程中必须遵守的基本标准。（参见图 7-8）

---

① 又称"全体共治"，是一种"无领导管理方式"。它将组织框架去中心化，将由人定义工作角色转变为围绕工作来定义，并且经常更新。——编者注

图7-8　Zappos 公司的"责任三角"

图片由 Zappos 公司友情提供

　　另一个为自由裁量权创造条件的例子是四季连锁酒店。20世纪 80 年代，该酒店的创始人伊萨多·夏普（Isadore Sharp）在缔造这个全球企业机器，编写企业脚本的时候面临的一个挑战是：如何确定自己的酒店在早期阶段的本质，并在此基础上围绕核心的共同思维模型构建一个全球连锁店。夏普认为一线员工是酒店体验的关键所在。他希望在培训以及对一线员工的支持上做足够的投入，从而给予一线员工足够的信任，让他们能随机应变或通过变通相关规定解决客户的问题。夏普在一则"信条"中清楚地说明："20 世纪 80 年代，我们用了几乎前五年的时间才清理掉阻碍我们改进服务的各种障碍——与每一个认为我提出的'怪异'理念只应用于公关部门的高管以及每一个做法不符合这项政策的高管分道扬镳"。[15]

15 号房间的客人想用驴奶洗澡……

夏普的这个"信条"是其企业脚本的核心元素，直到现在依然是全球 100 多家四季连锁酒店运营的基础。一名员工注意到了这样的原则是如何塑造现实的："关于这项原则的效果如何，我有无数个故事可以讲。有一次一名酒吧服务员派我去一个街角酒吧取一提 6 瓶装的滚石啤酒（Rolling Rock），虽然这种酒并不在我们的酒单上。我还知道一个酒店门童搭出租车，追到机场把一只被遗失的泰迪熊还给一个小孩的故事。还有一个被人们津津乐道的故事，一名客房服务员凌晨三点跑去另一个酒店借来蓝莓，因为我们酒店的蓝莓用光了。"[16]

公司的解决方案中应当为员工的自由裁量权留有足够的余地，不要让员工的想象力被埋没。

通常来说，你们应该互相爱护。

这话我们怎么理解都行……

升级现有的脚本

另一个挑战在于你不仅要升级新近编写的脚本，还要升级与它相关的其他已有脚本。当你改造公司或围绕一个新产品规划一个新部门时，新脚本常常会与已有的脚本相左。

媒体企业家约翰·巴特利举了一个例子，这是他从外部视角看到的此类挑战。巴特利当时有一个关于新商业模式的想法，希望能与一家大公司进行合作。于是他去找了这家公司，而这家公司虽然看得出这个想法所具有的价值，但却无法为这个想法做出任何改变公司已有规程的事：

我们带着商业理念来到了这家公司：我们想要的是一些他们已经抛弃的产品。我们是这么说的："我们想用一部分股权换取你们已经废弃的这个产品。对此你们不需要做任何事情。事实上，我们的风险投资权有可能帮你们扩大客户群，而且你们在这个过程中不需要花一分钱。这样的方案，贵司恐怕没有理由拒绝吧？"

　　于是很自然地，他们开会进行了讨论，并为此感到兴奋。可是之后他们就把这件事抛给了法务部门与首席财务官，因为任何交易都需要经过法务部门的批准。这就是项目受阻的地方。他们不知道在公司现有的规章制度下应该怎么运作这个项目。他们甚至亲口向我们承认了这一点："这个主意非常棒，但我们不知道如何在一个我们持有少数股权的公司中做这笔交易。可否提供一些符合我们习惯的方案？"[17]

　　这家公司没有能力在已有的企业脚本——既有的运营体系中——为新的想象、新的价值创造空间。

　　在另一个例子中，白色城堡近来已经开始在厨房中试用人工智能机器人，这一举动有可能会破坏它现有的企业脚本。

　　这个想法目前还处于想象的形成阶段，即集体想象与试验研究阶段，但它有可能会成为白色城堡构想一个全新脚本的基础。在这个新脚本中，一部分是关于机器臂在厨房中的运行（这部分切实地用计算机代码写就），另一部分是关于人的脚本（这部分

白色城堡挑战自己的企业脚本

图片由 Miso Robotics 公司友情提供

写进培训项目与关键原则中），用来指导员工围绕客户服务开展工作。安德森与英格拉姆开创于 1921 年的"白堡体系"应该要进行升级演化，与基于人工智能的全新脚本相融合。当一切都变得自然而然、令人习以为常时，一个"新常态"就出现了。

　　一个确定的脚本就是一个操作系统，是公司赖以运行的一套软件。这个软件必须是可升级的。在构想新脚本的同时，我们还应当为旧脚本的更新换代做好准备。

一个新的企业脚本：白色城堡与 Miso Robotics 公司合作

图片由 Miso Robotics 公司友情提供

清理脚本

在任何一个企业体系中，一项长期进行但常常被忽略的任务就是要精简各项规章制度，把事物的复杂程度控制在可处理的范围内。[18] 以网飞公司为例，该公司有一项关于清除不必要规定的规定："公司越成长，越要精简各项规定。"[19] 首席执行官里德·哈斯廷斯（Reed Hastings）与首席人才官帕蒂·麦考德（Patty McCord）在一个幻灯片文件中阐释了公司在人力资源方面的最佳实践方法，这被脸书的首席运营官谢丽尔·桑德伯格（Sheryl Sandberg）称为"硅谷有史以来最具重要意义的文件之一"[20]。文件中强调的一个关键原则就是"消除容易造成干扰的复杂因素（藤壶）"与"注重简洁性"。文件中讨论了"规矩的蔓生"现象："一些'不好的'流程总会在不知不觉中出现——因为预防错误这件事怎么听都没错。我们就是要本着化繁为简这个宗旨，在任何可以取消规矩的地方将其摒弃。"[21]

乔氏超市（Trader Joe's）也有一个有效的脚本清除流程：引进新商品的同时移除旧商品，以保证商品种类的数量保持稳定。通过这种方式，员工在与顾客讨论商品时，永远不会出现因为商品种类太多导致无法熟悉每件商品的情况。

清理脚本的做法源自全局观。就算是某个特别的规定对一些局部需求来说无可厚非，我们也永远不能忘记把它与企业脚本的整体需求放在一起去衡量利弊，因为要让企业脚本整体性地发挥作用，就需要让它保持易于理解、可升级演化的特性。

把整个工厂卖掉，我们就可以把维护成本降到零啦！

阻碍脚本升级的因素

在想象与制定可升级演化的企业脚本过程中总会遇到一些常见的阻碍因素，尤其是在存在已久的大公司中。

过度照章办事

这是一种只会严格按照预先规定好的流程进行思考的习惯，有碍于人以发展的眼光看问题。对做错事后要接受的惩罚心怀畏惧，对事物的明确程度过分依赖，对模棱两可的事情避之不及，这些均有可能是上述问题出现的原因。解决此问题的办法在于要强化一个概念，即我们真正的意图不是各种流程与规章制度，而是最终目标，同时我们应当支持人们在认为合理的情况下不按规程办事，就算其中有失算的风险。

过度关注制造方

这个问题指的是人们总会忘记公司的宗旨是给客户创造价值，因此也忘了在产品设计的时候以客户体验为基础。这就会导致某些规定与流程的出现从公司内部的个别环节（采购或财务）来看是有意义的，但忽略了客户的感受。这样的企业脚本设计虽然初心是为客户提供更好的生活，但实际上却无法有效地服务于客户。解决办法：经常与客户交流，从客户的角度体验一遍整个流程，并在必要时改写企业脚本。

脚本思路及指导原则

脚本就是一种引导与指导人们行为的方式。所有脚本从某种程度上来说都应该是可以升级演化的，也都应该具体指明什么事必须做。所谓"可升级性"，指的是随着时间的推移，脚本内容可以被改变、删减或增加的程度。"详细性"指的是脚本对于具体行为的界定严格到什么程度，它是相对于脚本的解释空间与想象空间而言的。这两者相互关联：如果脚本的编写为执行尺度留出较大空间，那么它就有利于想象力的发挥，最终会帮助脚本逐渐演化升级。不过围绕这些维度有许多不同的脚本编写方式。

哪些因素决定了脚本应采用哪种方式呢？走灵活可升级的路线还是采用刚性严格的执行方式，这取决于企业的价值主张会不会随着时间的推移发生变化。在新兴的、不确定的商业环境下，采用适于改变的企业脚本不无道理。而脚本应该倾向于翔实具体还是笼统概括，则取决于想象力在价值主张的实现过程中有多重要，以及成功在多大程度上取决于关键细节。如果想在整个连锁企业体系内或是在事关安全的规定中保持客户体验的一致性，把脚本编写得具体详尽是合理的。如果员工需要通过临时变通或采用因人而异的方式去满足客户多变、微妙的不同需求，进而去创造价值，脚本则应该更为笼统一些。

我们来看几个例子吧。有的脚本对人们的思考与行为方式都有具体的要求，不会随着时间的推移发生太大变化，比如最早的"白堡体系"。还有，20 世纪 60 年代，四季酒店的创始人伊萨多·夏普去旁听一个麦当劳的培训项目（他很欣赏麦当劳，想从它的脚本中借鉴经验）时，发现培训材料已经沿用了 15~20 年之久。夏普表示，"它让我意识到，当你的东西能够得到人们的认同时，你就无须不断地去改造它。一旦它扎根下去，自然就会流传下来。"[a] 麦当劳赌的就是芝士汉堡会在相当长的时间内受到人们的欢迎。于是它在汉堡制作上要求做到精准，不需要灵活发挥。在这个案例中，最有效的脚本元素就是规定、流程以及详细的岗位职责描述。

你还可以采用另一种制度编写脚本，它的指导原则比较概括，但相对来讲依然非常严格。"蒙台梭利教学法"就是这样一个例子。关于育人的一些核心原则一直被视为这套理论的基石，但在不同场合下，老师可以对这些原则做出灵活的解读。苹果公司零售门店的脚本是另一个例子。这些门店都需要遵守一些纲领性的原则，这些原则基本不可改变。当面为客户提供好的零售服务是一项长期价值主张，但它需要员工在执行层面上做出一定程度的灵活解读。在这种类型的脚本中，原则就是必需元素，也是主要衡量标准，它们都与总体目标挂钩。沟通与传达这些原则的一种好方法就是观察与指导，学习这些原则在不同场合可以通过何种方式发挥作用。

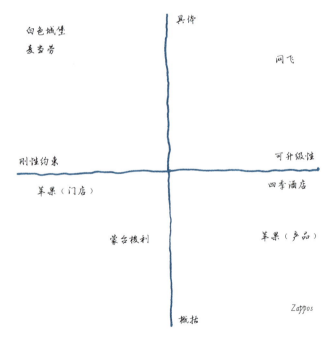

企业脚本编写中的取舍

此外，还有一种脚本编写方式是概括性的，但同时也是可升级演化的。比如 Zappos 公司，除了说明要对客户友善、要符合公司文化、要平衡自己的盈亏，它的脚本规定的内容极少。其他一切均可改变，甚至连这样一种粗放的脚本本身，也意在随着公司的发展以及客户体验卓越性的标准变化而不断升级演化。这就使得 Zappos 可以定义与追求全新的价值主张，并在实践过程中充分利用员工的想象力。苹果公司某些产品背后的脚本（不同于门店使用的脚本）也代表了这样一种逻辑。包括苹果手机、苹果应用商店、开发人员及客户在内的整个生态系统，其搭建所依据的流程及协议可以根据新需求与新应用软件的出现而不断升级。此类脚本的最佳沟通方式是设定目标要清晰，平台运作的核心因素要具体（列表、定价、利润分配、品牌推广等类似方面），但是要由市场原则决定应用软件的集合。

最后，脚本还可以兼具详细性和可升级性。网飞就是这样一个例子。网飞处于一个快速变化中的行业，但与此同时，它还需要为所有业务单元制定具体的行动指南，去履行自己（不断演进）的价值主张。它的解决方案就是制定了一条具体的规则来删减规则。要创造出此类脚本，你可以借鉴各种因素，包括目标、流程以及具体的规定。脚本的升级演化有赖于我们经常性地对其进行回顾与反思。

注释

a. Isadore Sharp, *Four Seasons* (New York: Penguin Publishing Group, 2009), 92. For the date of this anecdote, see: Sheridan Prasso, "Four Season's Recession-Proof Philosophy," CNN Money, May 7, 2009, https://money.cnn.com/2009/05/06/news/newsmakers/prasso_sharp.fortune/index.htm.

控制欲

想象着我们能够提前把一切规定清楚，这可以说是一种诱惑。它通常源自人们的担忧，认为如果没有足够的规定，也没有对可能出现的结果做实际测试，后续会发生什么事情将不得而知。这种担忧可能会成为制定规则的诱因，但它难以服务于价值创造。一个应对措施就是在实践中对这些规则的应用与成效进行追踪，削减没必要的复杂程序。也可以做个测试看一看，更易于理解和更加灵活的行动指南是否会比明确但复杂的规则效果更好。

试图做到"相互独立，完全穷尽"

这个问题指的是人们认为每一份清单、文件以及每一套原则必须符合"相互独立，完全穷尽"（MECE）[1] 的标准，这就导致各种要求、说明与临时规定不受控制地蔓生。解决方法在于我们应当记住，MECE 标准自有其适用的环境，但脚本的目的不是去穷尽，而是要便于沟通与使用，甚至读起来或聊起来时能让人有愉悦之感，它的目的在于推进那几项最为要紧的事情，而不是去防范所有无法预知的坏结果。

---

[1] MECE（Mutually Exclusive Collectively Exhaustive）的中文意思是"相互独立，完全穷尽"，是指在将某个整体（不论是客观存在的还是概念性的）划分为不同的部分时，必须保证划分后的各部分相互独立（Mutually Exclusive），所有部分完全穷尽（Collectively Exhaustive），做到不重叠、不遗漏。——译者注

推荐游戏

游戏一：没有冲突的公司

想象有一个与你的公司一样的公司，但不同点在于它的客户体验非常完美：完美的选择、完美的信息、零搜索成本、对提供的产品或服务有完美的理解、产品或服务随时到位、没有错误、没有质量或返修问题、没有延迟。然后仔细思考实际在你的公司中，哪些地方背离了这种理想情况。想一想这些冲突的代价，然后问问自己：在造成这些冲突的原因中，哪些是最大、最易于追溯的，哪些可以被消除或大大减少？

如果你有一个脚本是关于扩大规模与实现新创意的，不妨将它放在这样的背景下进行考虑：这个新的企业脚本将如何消除现有冲突背后的原因？或者如果你没有这样一个脚本，可以想一想什么样的脚本可以达到减少这种冲突的目的。

当然，没有任何企业是没有分歧的。但打破局面的人一定会为了推行一个切实可行并且令人难以拒绝的提议，而去解决一个现有企业认为理所应当的问题。找出这样的问题也许并不容易，因为现有的商业模式或许已在数十年间见证过许多这样的先例，它们似乎有其存在的道理，也似乎无可避免。或许是因为还没有

客户抱怨过这些矛盾冲突，也还没有竞争对手解决过这些问题。例如，你不妨想象一个不存在任何矛盾、冲突的保险公司。把你现有的公司与这个理想中的公司进行比较，你会不会想问：很多风险难以纳入保险范围、很多保险合同晦涩难懂、个人很难把握自己的整体风险概况、调整保险组合很痛苦、保险代理人通过提供指导与建议拿走了一大块利润、索赔只有在拖延许久之后才能得到解决……这些问题都是不可避免的吗？当你为自己的公司编写一个具有改革性的脚本时，你可以从解决上述问题着手。消除矛盾通常不仅仅需要加入新的想法，还需要减少公司现有脚本中的复杂因素。

游戏二：脚本汇编

把一个想象中的新事物转译成能够指导他人将其实现的脚本并非易事。对此，我们可以与同事小范围地进行练习：你可以用乐高积木搭建一个东西，比如说城堡；当你搭完之后，不要把它拿给别人看，而是通过文字来描述这件物品及其搭建方法（这就是脚本）；你同事的任务就是仅仅按照你的脚本把这件物品用乐高积木搭出来。

这个游戏的进阶玩法是，不同的小组通过不同的脚本编写原则进行比赛。一个小组制定详细的规则明确每一个行动，另一个小组可以只对核心原则进行描述，还有一个小组可以把重心放在总体目标与结果的沟通上。你还可以把游戏的目标从实现最精准的复刻改为其他目标，比如实现最快的适配模型、最有趣的模型、最有趣的制作方式等。

你可以从中学习，了解不同的脚本编写方式以及行为偏差是如何推动或阻碍一个想法向现实转变的。当你有了一个充满潜力与想象力的想法，希望照此对公司现有的部分或全部脚本做出改变之时，就可以借鉴从这个游戏中获得的经验。

值得一问的好问题

为了充分发挥想象力的作用，在编写脚本时，有下面一些好问题值得一问：

- 要想成功执行与实现一个新想法，一个人至少需要了解哪些信息？
- 这套流程的目的是什么？
- 在这个脚本中，哪些地方允许人们酌情安排？
- 设定这些流程是为了提供什么样的客户体验？
- 除了写下来，我们还能通过什么方式向使用脚本的人传达并强调脚本的用意？
- 脚本在全面性与可理解性上是否达到了最佳平衡？

组织机构诊断

可以利用这个诊断表来判断你们创造与管理的企业脚本效果如何。该表中的每一个问题都与本章讲述的一种措施相关，以便于你在需要时参考。

相关举措	从不（1分）	极少/少于一年一次（2分）	有时/每月到每年一次（3分）	经常/每周到每月一次（4分）	一直如此/每周多次（5分）
员工会在取得成功之后思考这样的结果是如何出现的。	成功之后的反思				
公司会从一次性成功中整理出可以遵循的总体原则与规定。	找准精髓				
公司对于目标的描述很有用，有利于激发想象。	明确目的				
员工理解并能够运用公司的原则与制度所传达的信息。	脚本应注重行动				
总体上，员工个人能够在想象与现实中实现平衡。	现实主义者的部署				
公司行为准则允许个人酌情做选择。	允许员工的情做决定				
公司的流程明确规定要定期清理不必要的规定。	清理脚本				
总分					

把总分加起来后，你会看到公司现在所处的情况：31~35分，优秀；21~30分，良好；11~20分，中等；0~10分，差。

你可以访问 www.theimaginationmachine.org 去对比自己与其他公司的得分。

第八章

想象的再现

亚马逊是一家话题度很高的公司，不过它确实充分证明了至关重要的一点：层出不穷的想象力接二连三地成功落地是完全可能的，即便是像它这样已经发展至如此规模的公司，也依然可以持续性地开拓出全新的发展方向。亚马逊在新业务的想象与开创上从未停止过脚步。1995 年，它的业务始于一个建立"地球上最大的书店"的思维模型，此后它对自己的业务进行了重新构想，认为自己应当成为一家"全品类商店"，并于 2000 年将自己的平台开放给了第三方卖家。2006 年，公司开始了云计算业务；2007 年推出了自己的实物产品 Kindle；2010 年创建了影视工作室；2018 年推出了基于人工智能技术的无人便利店 Amazon Go。通过 88 次收购，亚马逊整合了横跨各个领域的业务模式，从视频游戏流媒体平台 Twitch 到家居安防公司 Ring，再到大型超市全食超市（Whole Foods），甚至还通过收购零售电商 Zappos 公司对一种极端的公司运营理念进行了探索。[1]

亚马逊能够持续取得成功，原因在于它把两种思维方式结合在了一起：效率与想象。首席执行官杰夫·贝佐斯将亚马逊与另一类公司的做法进行了对比，这类型公司头一天开创了新事物，从第二天起就一直以它为生，直至公司陷入停滞，最终走向衰落。贝佐斯说："这种衰落的过程可能会极为缓慢。一家成熟的公司可能从新业务开创的第二天起，就在接下来的数十年间吃老本，但该来的总归会来的。"[2] 要避免这种命运，你的公司一定不要忘了在从成熟业务中摘取胜利果实的同时，继续到未出现过的领域中开拓疆土。贝佐斯是这样描述两种思维的结合的：

> 有时（通常事实也是如此）在商业中，你明确知道自己的方向在哪里，一旦开始行动，效率可以非常高。而当你在商业活动中踟蹰游移之时，效率可能不会很高……但这种游离状态也不是漫无目的的。它以你的预感、本能、直觉为引导，以你的信念为动力——那就是你坚信某个想法给客户带来的回馈足够大，值得你经历一些混乱与边缘的试探去找到那条对的路。这种游离对效率来说是不可或缺的一种平衡。两种状态你都需要。各种惊天大发现，也就是"非线性的"发现，很有可能都离不开当初的蜗行摸索。[3]

Welcome to Amazon.com Books!

One million titles,
consistently low prices.

(If you explore just one thing, make it our personal notification service. We think it's very cool!)

SPOTLIGHT! -- AUGUST 16TH
These are the books we love, offered at Amazon.com low prices. The spotlight moves **EVERY** day so please come often.

ONE MILLION TITLES
Search Amazon.com's million title catalog by author, subject, title, keyword, and more... Or take a look at the books we recommend in over 20 categories... Check out our customer reviews and the award winners from the Hugo and Nebula to the Pulitzer and Nobel... and bestsellers are 30% off the publishers list...

EYES & EDITORS, A PERSONAL NOTIFICATION SERVICE
Like to know when that book you want comes out in paperback or when your favorite author releases a new title? Eyes, our tireless, automated search agent, will send you mail. Meanwhile, our human editors are busy previewing galleys and reading advance reviews. They can let you know when especially wonderful works are published in particular genres or subject areas. Come in, meet Eyes, and have it all explained.

YOUR ACCOUNT
Check the status of your orders or change the email address and password you have on file with us. Please note that you **do not** need an account to use the store. The first time you place an order, you will be given the opportunity to create an account.

亚马逊的第一个网站（1995 年，上图）与基于人工智能的 Amazon Go

便利店（2020 年，下图）

图片由亚马逊友情提供

．　．　．

　　当一种新事物出现并且围绕它形成一种新常态之后，最大的挑战就是如何在未来让这样的过程不断重现。我们如何才能在保持现有业务运行的同时，让企业想象、开拓、创造出新的脚本呢？

　　本章我们将探讨如何保持双重思维，研究如何在执行业务的同时保持想象，看看有哪些阻碍因素，有哪些有用的游戏，有什么样值得思考的问题，以及如何进行组织机构的诊断。

什么是思维的双重性？

如何保持想象力

    着眼于每一个人

- 确保新信息的流动
- 引导与培养想象技能
- 为促进思考而设计
- 允许角色进行灵活转变

    着眼于少部分人

- 保护标新立异的人
- 自我干扰

    着眼于团队

- 打造认知的多样性
- 设置交易区

    着眼于商业生态系统

- 打造生态系统

阻碍保持想象力的因素

    过度专精于细分领域

    与外界脱节

    卡夫卡综合征

    自甘堕落

    成功的陷阱

推荐游戏

    游戏：摧毁你的业务

值得一问的好问题

组织机构诊断

什么是思维的双重性？

　　很多人写过在实操层面如何实现"两手抓"，也就是关于如何让企业同时做到这两点：新机遇的探索开拓与老业务的深度挖掘。[4] 然而这当中也涉及很重要的思维因素。从思维上来讲，企业面临的挑战在于当我们把一个想法制度化、形成企业脚本时，如何能够让想象摆脱脚本的束缚，一直保持活跃。如果把一家公司想象成由许多个统筹着不同资源的大脑结成的一张网，那么如何才能一直让这些大脑同时把握好现实世界与非现实世界呢？在思维上需要达到什么要求才能同时在两种相左的方向上追求目标，比如拓展之于深耕、创新之于优化、想象之于落实？

　　在成熟的公司中，想象变得尤为困难，因为开创新道路似乎并不是个紧迫的需求。许多高管都对公司发展与成功背后的阴暗面心存忧虑。我们针对 136 家大公司做了一个跨行业调查，被调查者包括 55 名首席级高管。97% 的被调查者都认为想象对于企业至关重要，尽管 80% 的人都觉得想象在大公司中很难实现。[5] 共享租车公司 Turo 的首席执行官安德烈·哈达德（Andre Haddad）向我们描述了让想象力保持活跃的难处，这个问题甚至在相对年轻的公司中也存在：

　　　　这是我心中的头号隐忧。我们公司现在到了员工规模越来越大的阶段。这些员工都很能干、聪明，也很符合我们的企业文化。但他们加入我们的时候，公司已经把很多事情搞清楚了——客户支持、保险、市场营销、数据管理等，各个方面都形成了其存在的方式，而这些方式到目前为止都与我们所取得的成功不无关系。所以公司中就出现了这样一种心态："我需要学习这种方式、适应它，或许还需要想办法保留它，至少不能把现有的事情搞砸了。"我觉得这种心态已经不是 2010 年时团队的心态了。[6]

这里的核心问题在于想象思维与执行思维并不能天然地契合——事实上，它们往往彼此相冲。强调其中一种就有可能破坏另一种。（参见表 8-1）

表 8-1　关注想象的思维与关注执行的思维的对比

关注想象的思维	关注执行的思维
反事实	事实
挑战现有模式	使用现有模式
推断	以实证与衡量指标为基础
不易沟通	易于沟通
进展难以预估	受截止日期约束
关注长期价值	关注即时价值
有效性	高效率

这两种思维对于企业的成功都非常重要。如果我们只关注执行与效率，公司就倾向于围着财务指标打转，而以早期想象形式出现的机遇就会显得站不住脚，难以令人信服。反过来讲，我们

如果只关注想象，就不会把精力长期投入某种商业模式，充分挖掘它的价值。一个只关注想象的公司难以长久地生存，而许多只重视执行的成熟公司也逐渐失去了培养新想法的能力。

如何保持想象力？

有四种途径可以支持思维的双重活力，在确保运营效率的同时保持想象的能力。它们分别是：着眼于每个人的想象、少部分人的想象、团队的想象以及商业生态系统的想象。接下来我们将对每一种途径下企业如何长期保持想象力进行探讨。

据说那些爱天马行空、胡思乱想的人就关在这里……

文艺复兴思想

为了帮助商业人士发挥他们的想象能力，我们希望把他们变成像文艺复兴时期的人一样……那么我们应该怎么做呢？我认为在培养商业人士的过程中，需要减少这个身份所含的功能主义成分与单一属性。

——克劳斯·迪克斯迈尔（Claus Dierksmeier），

哲学家，德国图宾根大学全球化伦理协会主席

文艺复兴给我们竖立的是一个关于执行思维与想象思维完美结合的不朽丰碑。我们之所以有"文艺复兴时期的人"这样一个概念，是因为文艺复兴时期的人物不像我们如今的人一样只专于某一领域，他们可能同时对地理、植物学、军事研究、政府管理、诗歌等各种领域都充满浓厚的兴趣。从商业角度来看，这些领域本身对商业不一定有直接价值，但为人们提供了丰富的可供借鉴的思维模型。

歌德常被人称为"文艺复兴时期最后一个代表人物"。他具有的思维方式正是我们希望培养的。他喜欢提及信天翁，称它在空中飞翔时挥动出了波澜壮阔的气势（象征着探索想象力所能触及的高度），但落到行船的甲板上时却走得步履维艰。[a] 歌德希望把两方面都做好——既想在想象力上出类拔萃，也希望自己成为优秀的实干家。他一生都践行着文艺复兴思想：写出了欧洲第一本畅销小说《少年维特之烦恼》，勤勉地担任过魏玛公国的采矿与路政大臣；创作出《浮士德》，并为普鲁士军队组织招募士兵；在意大利留下过种种风流韵事，也书写过"复式记账法之美"。歌德将他的核心世界观写进了《威廉·麦斯特的学习时代》，在这本小说中，主人公的艺术思想与商业思维一开始是对立的，但最终

走向统一，互为支撑。

文艺复兴理念一直持续到 18~19 世纪时期浪漫主义思潮的出现。浪漫主义者对渗透在博雅教育①中的全面发展目标进行了瓦解，他们强调艺术天赋的不可预测性，认为需要在没有灵魂的商业与存在于精神境界的艺术中择其一。具有影响力的浪漫主义思想家把自己置于官僚主义者的对立面，把对方描述为执迷于流程与量化思想、不会受到灵感启发、不愿意去反复思考的人。[b]浪漫主义者就是那些具有想象思维的人的前身，他们抱怨自己在企业中找不到归属感，把罪责归于企业与资本主义。实际上，浪漫主义者给郁郁不得志染上了英雄主义色彩，塑造出了悲情天才的形象。可是，真正的英雄主义应当是去追求务实主义与想象力在商人身上的统一。

歌德无须成为最后一个拥有文艺复兴思想的人。无论是商业领袖个人，还是团队、公司以及商业生态系统中汇集的集体思想，都可以把想象与执行的思维方式统一在一起。

注释

a. J. Armstrong, *Love, Life, Goethe: How to Be Happy in an Imperfect World* (London: Penguin, 2006).

b. I. Berlin, *The Roots of Romanticism* (Princeton, NJ: Princeton University Press, 2013).

----

① 又称通识教育、人文教育等。"博雅"的拉丁文"Artes liberales"意为"适合自由人"，在古希腊指社会及政治上的精英。古希腊倡导博雅教育，旨在培养具有广博知识和优雅气质的人。——编者注

着眼于每一个人

保持想象力的第一种途径是采用一种能够对公司中每一个人的想象都有启发与支持效果的政策，让每一个人都能至少在某种程度上实现思维的双重性。

确保新信息的流动

一家公司如果想保持想象力，可以对人们接触的信息范围进行规划，在最大程度上创造与外部环境和他人接触的机会，刺激意外与重新思考的发生。我们通常不大会关注信息在整个公司内部是如何传达与运用的，但可以在这方面刻意采取一些措施。

Jigsaw 公司的首席执行官贾里德·科恩认为自己作为一名公司领导者，职责就是给员工创造条件，让他们接触各种有可能激发灵感的事物。Jigsaw 公司有一项政策，就是把自己的产品与服务的用户请到办公室来与员工进行互动，促使员工对新的服务进行想象。科恩告诉我们："有一些灵感是需要公司创始人来提供的，但如果只依靠我一个人，这件事也行不通。我的任务就是把员工置于能够激发他们灵感的环境中。因此我们会请各种人来与我们共同待上一个月，比如来自俄罗斯的调查记者，或是来自津巴布韦的社会活动家。这成了我们的一个项目，前来参与这项活动的人被我们称作'常驻用户'。"[7]

这么做是为了让公司中的员工有机会接触到与眼前的工作虽不直接相关但（至少有时候）会促进他们对公司各个方面进行重新想象的事物。这种做法也有利于抵消公司在做大做强的过程中容易出现的向内关注倾向。

另一个通过系统性的方式维持想象力的例子来自日本武田制药公司（Takeda Pharmaceuticals）。该公司认为如果不能保持个人的好奇心，就无法保持公司的创新力，因此建立了一个"科学领导与创新中心"，并以下述四个原则为基础：协作网络、集体智慧、聚焦好奇、创意能量。该中心会从外部邀请演讲者对好奇心与想象力的相关话题进行讨论，对集体学习的最佳实践进行整理汇编，还与项目团队一起实现这些想法。

其他保持新信息流动的方式还包括把员工派出去参加各种行业会议，特别是或可触发员工想象的其他行业的会议。还有一种更大胆的想法是创造一种基于人工智能的系统，由它为每一名员工定制一份每日信息试读清单，帮助他们通过多元化的跨领域思想培养全新的思维模型。我们每个人都有信息的输入来源（早上

哦，新来的首席执行官觉得这么做能让我们受到启发。

浏览的网站、订阅的各种内容等），但我们通常不会为了增加意外信息的刺激专门对信息来源进行设计。这样的一套系统应该有点类似于亚马逊的推荐引擎，但它的目的不是"向我展示我可能喜欢的东西"，而是"向我展示一些我不熟悉但有助力于刺激想象的东西"。基于对每个人最熟悉的思维模型的理解，以及由此推断出最有可能创造出意外所需的各种信息，这种算法可以进行个性化设置，并通过不断的反馈进行优化。

引导与培养想象技能

让公司中的每一个人都保持想象力的第二种方式是引导、培养，同时找出想象力的各种构成技能。这就要求在招聘与提拔过程中能够选出并培养一种不同类型的人才。我们可以想一想本书提到的每一部分内容，找到与每一部分相关的基本技能，把它体现在招聘与提拔的评判标准中：

- 发现并关注意外的能力
  - 关注与分析异常现象的技能。可以提供一些场景或数据集，判断某个人是否能从中发现异常。
  - 运用类比的能力。可以将它作为案例学习的一个部分对某个人进行测试，询问对方："有哪些类似情形是比较有用、可以借鉴的？"
- 重新思考思维模型的能力
  - 同一个大脑中存在多元化的认知，即从不同学科、不同实践中得来的各种思维模型。
  - 从多种角度去思考同一个问题的能力，也就是在大脑中同时保留多种思维模型的技能。

- 把想法与现实世界进行碰撞的意愿与能力
    - 玩耍的轻松感：随机应变的能力与跟随直觉的自信。
    - 去试验的意愿。要测试这一点，可以问一问这个人过往的试验经历：他什么时候对新想法进行过验证？新想法完全实现的概率有多大？

- 在不同人群间串联沟通、培养集体想象的能力
    - 将一个想法在不同人员以及不同团队之间进行串联沟通的能力。
    - 有效使用故事的能力。要对这一点进行测试，可以把一个全新的创意给到这个人，要求对方用一个故事来进行诠释。

- 把想法制度化为脚本的能力
    - 对有创造力的实验能够奏效的核心原因进行分析与说明的能力。
    - 能把有用的规则清楚地进行说明的能力。要对这一点进行测试，可以要求对方对运作一个新理念的规定与原则进行定义。

- 进行系列想象的能力
    - 有过追求与引领想象的经历：重构思维模型，进行试验，让更多人参与进来，然后把成功的试验转变成制度化的脚本。

为促进思考而设计

保持想象力的第三种做法是在整个公司内设计一些有助于人们进行思考与再思考的环境与日程安排。通常来说，一个企业如果希望打造一个有利于促进想象力与创造力的环境，设计方案中总会有明艳的色彩以及不合常规的建筑构造。

但波兰建筑师马格达莱纳·普里菲尔（Magdalena Priefer）告诉我们：

还有一点不可忽视，那就是过度刺激。在一些有创意的办公空间中，似乎每一种设计元素都在明晃晃地向在这里工作的人强调：你要有创意、有想法，这是你最重要的目标。但这种做法会给人带来一种压迫感，令人烦乱，反而会产生事与愿违的效果，阻碍或限制人们的想象。像这样的空间通常也会给人造成过多的感官刺激，容易让人疲劳，削弱想象的能力。一个理想的工作场所应该能够给人

为激发反思与重新思考而设计的一片空间

图片由马格达莱纳·普里菲尔友情提供

温和的刺激，激发人的灵感，引起人的兴趣，并给人以选择的自由。[8]

视觉环境与我们的心理反应有密切的关联。在布置简约的空间中，人们对视觉信息的处理比较容易，心率与血压会降低，这与在眼花缭乱的空间形成了鲜明的对比。[9] 视觉上繁杂的场所会更多地作用于我们负责或战或逃反应的交感神经，而不是负责休息与消化、支持我们进行思考的副交感神经。[10] 我们应该创造一种有利于对思维模型进行重新思考的淡然、平和的环境。

我们还应当在时间的使用上做一些文章，允许与鼓励深度思考与重新思考。员工应当可以每天专门安排一到两小时的低投入时间，并把它们算进正式的工作时间中。在这段时间内，员工可以暂时把紧要的工作放在一边，而去思考一些长远来看重要的事情：对反事实领域进行探索。当我们走进一间办公室时，如果发现有 25% 的人都在盯着窗外，这未必是件坏事。这有可能意味着人们的大脑此刻正在全速运转中。

允许角色进行灵活转变

还有一种可以让公司中每一个人的想象力都保持活跃的策略，那就是允许并鼓励员工灵活转变角色。此中的挑战在于公司要塑造一种观念，即每一个人都可以甚至有义务去探寻有创意的想法，即使这超出了原定的工作职责。

很多成立已久的公司会给员工施压，不允许员工越界做岗位职责范围以外的事。每一个岗位都有既定的工作内容，升职与加薪都与这些内容的完成情况挂钩。但这种做法会降低人们对意外与反常进行思考的意愿，缩小人们开拓与验证反事实思维模型的范畴。

瑞可利集团为了跳出这种行为方式，与新老员工进行沟通的时候都表明一点，即整个公司在不断发展完善中，人人都可以为它的成长贡献力量，因此从这个意义上来说，公司属于每一名员工。瑞可利开办年度创意盛会的初衷，是鼓励台下的听众勇于踏出公司设定的岗位限制，去开创新的理念。一位致力于此的公司领导者卷口隆宪告诉我们："开办 FORUM 活动的一个主要原因就是降低人们参与新事物的门槛，向大家传达一种'你也做得到'的信号。"[11]

皮克斯动画的创始人艾德·卡姆尔（Ed Catmull）也谈到了他如何给员工灌输类似的观念：

> 对我们来说，更大的一个问题是如何让新来的员工敢于说出想法。为此，我在新员工的岗前适应性培训中加了一个流程，即由我来讲述我们犯过的一些错误以及从中吸取的经验教训。我这么做是为了让新员工相信公司还有很多事情没有搞清楚，如果我们正在做的事中有哪些是他们觉得没有道理的，我希望他们可以对这样的事情进行质疑。我不希望人们因为我们取得了成功，就理所应当地认为我们所做的一切都是对的。[12]

我觉得船长在岗位灵活流动这个概念上走过头了。

作为一名企业领导者，你可以利用自身所处的地位传达这样一个观点：公司在不断完善中，它所设置的各种岗位角色与规定都是一个不断升级的脚本的一部分，并不是什么不可撼动的法则。亚马逊在"领导力原则"清单中有这样一条，它明确告诉人们做事情不可局限于自己的岗位角色："企业的领导者就是企业的所有者……他们做任何事情都要以整个公司为出发点，而不仅仅是自己的团队。他们永远不可以说'这事儿不归我管'。"[13]

着眼于少部分人

让公司中每个人都能发挥想象力是一个美好的目标，但它往往并不容易实现。一个更现实的目标或许是发掘某些人的想象力，由他们撑起整个公司的想象能力。

保护标新立异的人

公司中有可能成为想象力来源的人常常需要得到保护。他们的人脉广，看问题的角度异常丰富，但这些或许都没有被那些思维已牢牢禁锢于某一领域或局限于某种最佳行事方式的人重视。实际上，他们不断贡献并分享给众人的新点子反而会被视为歪门邪道与潜在危险。

当问及曾任 BCG 首席执行官的卡尔·斯特恩（Carl Stern），他当领导者时做过的影响最深远但最不易察觉的事情时，他告诉我们，他在任时做过的最重要的工作之一就是去"保护那些标新立异的人"，也就是那些能够创造与分享新想法，但却徘徊于组织边缘或是在组织的夹缝中生存的人。他补充说："这些特立独行的人往往不服管，因此常常被中层管理人员视为眼中钉，总希望将他们除之而后快。"[14]

要想对一些人的想象力提供支持，一项政策就是要建立多条通往成功的通道。在 BCG，我们既有通才咨询职业通道，也有为愿意深耕某一专业领域的人提供的专家通道。其实各个企业都可以更进一步，开辟一条想象通道。这件事我们在 BCG 亨德森智库曾试着做过，我们设立了一个"伙伴计划"，允许 BCG 中的思想领袖在三年的时间内拿出自己 30% 的时间，对公司业务中某个重要的方面进行重新思考。

西蒙真是敢想
敢创新啊！

自我干扰

希望通过培养一部分人来保持公司想象力的第二种方式，是直接请一群人把关注点放在干扰公司的业务上。这种自我干扰背后的逻辑依据在于，在许多成熟的大公司中，人们的思维模型已经逐渐固化。公司的核心商业模型决定了人的行事习惯、角色职能以及结果预期，形成了一套可以满足自我发展需要的体系。这种处于主导地位的商业逻辑似乎让人慢慢相信这就是世界本来的样子。正如哲学家约翰·阿姆斯特朗所述："所谓常识，也就是人们对于某件事应有的看法，往往其本身是一种承载着各种各样负担的思维模型，它容纳了人们的夸大其词与语焉不详，因此有时难免失实。但由于它在某些人群中达成了共识，因此就被当成了事物真实的模样。"[15] 这就是为什么一家公司一定要主动为现有的商业模式与背后的思维模型创造质疑的空间。有了质疑空间，就有了重新思考的想象空间。

要做到这一点，一种方式就是找一些思路比较开阔的人在重要会议中提出反对声音，或故意唱反调。在任何一个关键项目或重要问题的决策上，要有一些人专门从与现有思维模型不同甚至相冲突的角度出发进行思考，并把这种思考结果与常规做法置于一处进行比较。这种做法源自16世纪最大的官僚体系天主教会的一些政策。它创设了"恶魔代言人"的职位，在教会统治集团讨论应当封谁为"圣徒"之时扮演反对角色提出抗辩。[16] 如果此人的任务完成得非常出色，那么他就在普遍认同的想法之外提出了令人难以驳斥的对立观点。对企业而言，其借鉴意义在于商业方案的讨论一定不能在缺少其他令人信服、论证清晰的替代方案时进行。

另一种方式是组建少量专门给公司业务制造麻烦的小团队。我们默认的做法是通过一个研发部门，由它来做各种设想与极端的思考。不过在公司正常运营的同时，直接对企业做一些有益的干扰也是可能的。举个例子，百事公司的饮料业务分为两支：一支负责对现有的瓶装与罐装饮料业务进行充分挖掘；另一支负责开发家用碳酸饮料机，如果这项研究取得成功，就会与前者争夺市场。这种做法听起来极具破坏性。但是如果百事公司不能充分发挥想象力给自己制造一些麻烦，那么制造麻烦的就极有可能是它的竞争对手。公司前首席执行官因德拉·努伊（Indra Nooyi）对此是这样说的："在每项业务中，我们都设有两条线，一条线上的人负责日常运营，而另一条线上的人负责应对未来，后者需要去思考'我应该如何给自己找点麻烦？'，负责核心业务运营的团队应当继续把自己所做的事情做好，密切关注单位成本，甚至不惜精确到分毫；另一个团队则不应跟着现有的业务模式走，而是应全心全意地思考如何去扰乱它。"[17]

可是吉米，我们需要的
一切这儿都有呀……

着眼于团队

不同于在每个人或一部分人身上培养想象力，为整个企业保留想象力的第三种方式是确保公司中的每个团队都拥有这样的能力。具体来说，就是让每一个团队都能同时玩转想象力与执行力。

打造认知的多样性

要做到这一点，一种方式就是在每个团队中建立多元化的认知结构。BCG 与基于人工智能和神经科学的初创公司 pymetrics

共同完成的一项研究表明，为了应对风云变幻的商业环境，大公司需要具备多元化的认知能力。[18] 我们可以明确如下三种认知上的多元性：

- 性格的多样性：它指的是人先天的性格特征与后天的个人成长经历，它们共同塑造了一个人的禀性、倾向与能力。

- 思考风格的多样性：它指的是人在关注领域、努力程度、决策制定、心理韧性、包容能力、知识范畴以及风险承受能力上的差别，这些因素对解决不同类型的问题有不同的作用。

- 思维模型的多样性：它指的是人们从不同的学科、世界观、职业经历等方面所借鉴与储备的思维模型各不相同。

认知的多样性常常与其他形式的多样性交织在一起。具有不同的民族与文化背景之所以是件好事，是因为不同的生活经历常常会提供不同的思考角度，这对我们是大有助益的。把上述每种认知多样性囊括在同一团队中将有助于公司整体上做到两手都过硬。一方面，认知的多样性有利于提高执行力——它能够让不同的性格特征、思考风格、思维模型共同对"这是什么"的问题进行分析与管理。另一方面，认知的多样性对想象力也形成了支撑——因为丰富的思维模型储备有利于触发意外刺激，让人们有类似事物可借鉴，还能够让某个思维模型在不同性格特点与思考风格的作用下得到完善。

设置交易区

要想利用好团队中的多元性，我们需要确保不同性格、不同思考风格以及不同想法的人相互间能够有效地进行沟通。做到这一点很难，因为对世界持不同看法与理解的人要想与彼此畅通地交流往往要费些周折。致力于企业机器高效运转的人与想要重构和扰乱它的人之间并不容易产生共鸣、形成对话。

我们不妨从人类学所定义的交易区这个概念中借鉴一二。所谓交易区，指的是不同文化背景的人能够碰面并进行商业活动的地方，比如意大利的威尼斯、克罗地亚的杜布罗夫尼克旧城等历史上有名的贸易港。交易区的概念也会出现在知识性学科中。历史学家彼得·加里森（Peter Galison）研究过交易区在 20 世纪的物理学是如何在不同群体间发挥作用的。他发现理论物理学家、实验物理学家以及工程师各有其独特的亚文化，相互之间还略有戒备，有点像公司中不同团队的情况。但他们能够通过"局部协调"的方式进行合作：他们相互倾听，小心地把自己的想法用易于其他团队理解的方式进行解释，并把沟通的焦点放在双方都感兴趣的领域中。[19]

在 BCG 亨德森智库，我们有许多活动是为促进不同思维模型进行密切的互动而开展的。例如我们每年在纽约或旧金山主办的"智慧交锋"活动。在该活动中，我们选取企业在未来五年间需要应对的一些核心问题，邀请各个领域（生物、政治科学、数学、认知科学）充满创意思维的人与企业领袖（首席执行官、首席创意官、BCG 合作伙伴）一起探讨。我们还会组织一系列晚宴，让科学家与商业领袖共聚一堂。通过这些活动，我们总结出了一些能够让此类聚会活跃起来的原则，这些原则同样可以更加广泛地应用于企业，帮助企业组建出想象与执行并重的团队：

- 要有很多人际交往的机会，通过交叉讨论与共同参与活动建立信息互通与互信；

- 选择众人都感兴趣的重大主题，点燃人们相互接触的火花；

- 使用通俗易懂的语言，不要用特定领域的专业术语；

- 允许讨论的自然升温；

- 强调开放的心态与倾听的重要性，不必急着证明自己的观点——并照此目的选择活动参与者；

- 注重并提倡参与人群的多样性；

- 将会议活动与集体的力量绑定在一起，比如共同撰写一篇文章。

着眼于商业生态系统

想象力的保持还可以从公司以外的地方着手。我们对公司的设计应该能够让它从更广泛的商业生态系统中，借助各种客户与其他公司的想象力以及创意产品的力量。

打造生态系统

我们把商业生态系统定义为"一个在很大程度上相互独立的经济主体所构成的动态组织，它们提供产品与服务，共同构成一

就咱们这种情况，我不确定了解其他世界观真的能有什么帮助……

个解决方案的有机整体"[20]。大体上看，我们可以打造的生态系统主要有两种，这两种生态系统可以通过不同的方式借鉴其他人的想象力。

第一种叫作解决方案生态系统。该类型的生态系统中有一个核心公司，它主导与协调着其他提供补充性产品的公司，由此多方合力推出某种产品或服务，比如说所有与个人电脑生产有关的公司。20世纪80年代到90年代，英特尔打造了一个效率极高的生态系统：它不仅销售微芯片，还与各种服务于个人电脑制造的其他公司进行知识产权交换，不断扩展电脑的功能，也由此扩大了总的市场规模。英特尔创造的集体想象网络跨越了公司自身的边界，将致力于宽带、显卡、系统安全、USB以及DVD等产品开发的相关公司容纳其中。[21]因此，像英特尔一样，保持想象力的一种方式就是把整个生态系统中的公司协同起来，通过借助彼此的想象力与其他能力获得共赢。

　　第二种叫作交易生态系统，这种生态系统是由一个中央平台把各个第三方产品与服务同客户连接起来。举例来说，亚马逊就是借助了第三方卖家的力量，使它们想象与制造出的产品成为亚马逊整个平台中可供选择的一部分。（顺便提一句，当时亚马逊内部的许多人都极力反对这个反事实想法：引入第三方，与公司自营商品形成竞争。[22]）爱彼迎也是这样一个例子。与常规连锁酒店不同，爱彼迎无须对自己提供的任何房间进行想象或再想象。这些都是由各个房东来考虑的，他们打造了不断演化的各种住宿选项组合。爱彼迎需要不断思考的是如何给平台上的房东提供工具，但它通过为整个生态系统中的所有房东提供想象的便利，扩大了自身在想象力上的整体产出。因此，要想在兼顾执行力的同时保留想象力，开发一个平台，去吸引、支持与推广其他人的创意产品也是一种选择。

我把你们都叫过来，是想讨论讨论我的晚餐问题。

阻碍保持想象力的因素

在企业中，想要在关注执行力的同时保持旺盛的想象力，可能会面临许多阻碍因素。

过度专精于细分领域

这个问题之所以出现，是因为许多员工高度专精于自己从事的特定领域，甚至逐渐形成了各种亚文化与"行业黑话"。这就导致某些创意想法的提出者与执行者之间的沟通难度变大：专业群体总会对圈外人士心存戒备，各种圈内行话也成了沟通中的一道门槛。解决办法如下：让人员在公司中频繁流动，使他们体验各种公司职能与岗位角色，了解其背后的思维理念，并在此过程中将多角度的思维方式融会贯通。

与外界脱节

这个问题的症结在于人们不愿意或无法到本公司之外去邂逅意外或借助别人的想象力。这种情况或许是由于人们对局面失控的担心（客户或第三方企业不会像自己的员工一样听从指示），也可能是由于岗位的设定逻辑完全以内部需求为主。解决办法在于确保每个人能够把自己的一部分时间与精力放在公司以外的事物上。

卡夫卡综合征

弗朗兹·卡夫卡的小说《审判》中有这样一个人物，他的人生被某个莫名其妙的庞大机构的各种程序彻底毁灭（该小说的德语名字正是"Der Process"，再合适不过了），而遭受这一切的原因却从未得到过解释。或许很多人都能对这一点产生共鸣。身处大公司的层层等级制度中时，我们总会对自己所能发挥的作用失去知觉。举例来说，我们可能希望公司的餐厅可以提供更多品种的三明治，但由于这件事不在我们的职责范围内，餐厅的职员中也没有谁应当直接对此负责，所以这件事由谁说了算并不明确，甚至连试着去争取都显得毫无意义。何必费精神去思考如何能让这里变得不同呢？这种感觉就是我们所说的"卡夫卡综合征"，它对想象力造成了阻碍。讽刺的是，其中一个解决办法就是去增加一个流程：通过某种方式把给人造成烦扰、带来渴望的问题以及人们的早期想法记录在案，使其有机会获得资金支持，并影响决策的制定。

自甘堕落

最近有一位作家在乘坐美国某家航空公司的航班时，发现安排给自己的座椅是坏的。他把这件事提出来，告诉空乘人员："您好，这个座椅是坏的。"结果他从空乘人员那里得到的答复是："您觉得既然遇见了这种事情，还能怎么样呢？"从这句话中我们看得出，这家衰落中的公司已经病入膏肓：如果这种任其堕落的氛围蔓延得够深，就不会有人觉得去看见、去在乎、去想象还会有什么意义了。一个应对措施就是去重点帮助那些不甘堕落、不愿随波逐流的人：给他们更大的权力，让他们去实践全新的、极富启迪性的想法，并带动其他人也相信自己同样可以有所贡献。

所以，到底是谁需要这些叶子啊？

不知道，兄弟——我就是个干活儿的。

成功的陷阱

这种阻碍维持想象力的因素来自这样一种假设，即公司取得成功时的存在方式一定是公司发展进程中的巅峰。用 BCG 创始人布鲁斯·亨德森的话来说："过去取得的成功往往在今天被捧上神坛，因为当时伴随成功而来的各种政策与态度也被高估了。"[23] 一家公司的集体想象或许已经走向消亡，可胜利的气氛与过时的绩效指标却无法让人看清公司应当如何通过重构与改变取得未来的成功。一个应对之策就是采取亚马逊的"第一天理念"，即时刻保持清醒，知道公司从这一天起有可能走向任何方向，想象和成长之旅将一直在前方。另一种方式是通过一些有前瞻性的衡量指标来评估公司的发展潜力。

新衡量标准

无论一家企业是如何兼顾两种思维的，要保持这种状态，它一定要知道哪些方面是需要去衡量与嘉奖的。企业用来衡量成功的大多数标准都基于过去已经发生的事实：增长率、市场份额、利润率等。这里暗含的一种假设就是过去的成绩会一直持续到未来。然而我们在前文了解到，这种假设已经越来越站不住脚了。一个只关注过往数据的公司将会系统性地低估并忽略新理念的价值。

当我们想要了解一个人的时候，我们会看他曾经的为人处世。但我们也会本能地去考虑他未来的可能与潜力。在企业中，尽管"客观数据"顾名思义指的就是已发生的既成事实，但我们也应当试着去考虑一些适用于未来的不同类型的指标。

- 直接考察想象能力。在本章关于如何培养想象能力的内容中，我们列出了一些评估措施。基于此，公司可以制定一些对员工的想象能力进行衡量的标准。
- 关注下游创新成果的间接衡量指标，例如产品份额的新颖度指数以及融合了近期创新成果的产品销量。
- 衡量公司的活力，我们将其定义为重塑业务并保持可持续增长的能力。这种衡量方式不应该是对过去已完成的绩效进行总结，而是要借用各种各样的财务数据或非财务数据对具有前瞻性的创意与增长进行预测。[a]

注释

a. Martin Reeves et al., "Measuring and Managing Corporate Vitality," BCG, October 19, 2017, https://www.bcg.com/publications/2017/strategy-strategic - planning-measuring-managing-corporate-vitality.

- -

推荐游戏

游戏：摧毁你的业务

为使想象力保持活跃，并激发人们对公司进行重新想象，一个颇有成效的游戏就是去想象自己的公司会在什么样的搅局者面前败下阵来。

选取公司的某个领域，然后思考如何去破坏它。把有可能对你们的商业模式造成不利影响的关键对手列出来。比如说，一家房地产公司可能会锁定一些规模不如它，但会对房屋买卖业务进行重新想象的新公司。再把这个范围进一步缩小，关注把赌注押在同类型思路上的一小部分公司。比如有些新公司赌的是从整个流程中完全去掉房地产代理这个角色，另一部分公司赌的是如何增加各种附加服务，诸如此类。

想象每一种赌对了的情形。游戏的关键在于不要去问某种方向会不会取得成功，而是要去想象如果它真的成功了会是什么情形、会导致什么结果。例如，房地产公司可能会认为互联网房地产经纪公司 Redfin 是个潜在的破坏分子，其应用软件中没有房地产代理人的存在。你可以想象在未来的图景中，如今还是家小公司的 Redfin 变成了一家价值 50 亿美元的大公司，大多数房屋都通过它的应用程序平台进行交易。想象一下这个破坏分子是如何一步一步将你的业务取而代之的：它采用了什么样的战略行动？培养或获得了什么样的能力？人们的喜好与技术水平发生了什么样的变化，以及你的公司中出现了什么样的阻碍，最终导致 Redfin 公司胜过你们而取得了更大的成功呢？

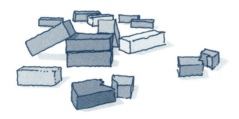

通用电气在 20 世纪 90 年代时把这一做法纳入公司体系，要求在每个业务部门建立一个"摧毁你的业务"团队

（DestroyYourBusiness.com），研究和寻找互联网思维下的革新理念。[24] 这样的练习能够把公司的弱点暴露出来，找到哪些做法与因素可能帮助其他颠覆性的企业崛起。一旦弄清楚这一切，你就可以考虑有没有哪些做法能够对你重新想象自己的企业有所启发。

值得一问的好问题

当你为公司能够永葆想象的活力做出尝试时，不妨问自己以下问题：

- 公司最初立足于什么样的创业愿景？
- 我们今天如何能够重塑这种精神？
- 什么是推动公司发展的下一个重大创意？
- 推动与开发这些创意想法会面临哪些阻碍？
- 所有的组织最终都会走向衰亡。我们的公司可能会如何落败？既然想到这一点，我们能够为此做些什么？
- 如果我们是今天才建立这家企业，在各种商业选择都具备可行性的情况下，我们会选择哪条路？
- 我们是否会针对想象能力招聘人员，培养并认可这方面的能力？如何才能在这一点上做得更好？
- 公司是否能够充分利用内部及外部资源，全面开拓创新进取能力？

组织机构诊断

该诊断表可以对公司保持想象活力的能力进行评估。每一个问题都与本章所述的一种行为有关。如果你在某一点上得分较低，可以参考本章所述的相关措施进行改进。

	相关举措	从不（1分）	极少/少于一年一次（2分）	有时/每月到每年一次（3分）	经常/每周到每月一次（4分）	一直如此/每周多次（5分）
公司会从非商业领域的世界观中为员工提供一些易于引发思考的信息。	确保新信息的流动					
招聘、升职、奖励等都会把想象能力考虑在内。	引导与培养想象技能					
公司有一些安静的、感官刺激不太强烈的物理空间供人们进行思考。	为促进思考而设计					
员工认为公司还在不断发展完善中，他们都可以为公司的进步添砖加瓦。	允许角色进行灵活转变					
员工说出不同意见或对现有商业模式的某些方面提出质疑非常正常。	自我干扰					
我们有一些可以支持跨部门或与公司外部的人进行思想交流的论坛。	设置交易区					
我们公司会积极地与公司以外的人接触并借鉴他们的想法。	打造生态系统					
我们公司对想象与创新有相关的衡量标准。	新衡量标准（参见对应模块内容）					
总分						

把总分加起来后，你会看到你们公司现在的情况：31～35分，优秀；21～30分，良好；11～20分，中等；0～10分，差。

你可以访问 www.theimaginationmachine.org 去对比自己与其他公司的得分。

第九章

人工智能有想象力吗？

机器会想象吗？我们通常认为计算机是通过我们给它的指令进行计算、得出结果的。我们不认为计算机具备我们所定义的想象能力：感受意外、形成反事实思维，或是探索全新的可能性。然而谷歌人工智能团队中一名杰出的科学家布莱斯·阿古拉·伊·阿卡斯（Blaise Agüera y Arcas）进一步突破了运算的边界，他开创的一种算法可以让电脑做出极富想象力的事情，这令人大开眼界。（参见图 9-1）

阿古拉·伊·阿卡斯及其团队开发了一个识别鸟类的算法，然后让它按照自己对鸟类的理解创造出一些关于鸟的新图片。在采访他的时候，我们请教他这一切与想象力有何关联。用他的话说，人工智能在开拓一种"流型空间"，即一个集合了所有可能被我们称为"鸟"的概念空间，类似于我们的想象力对不太荒诞的反事实可能性进行探索的方式。"这些神经网络按照我们给它的训练材料找到某种事物的流型空间，然后它可以畅游其中，生

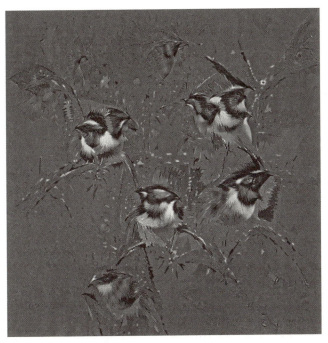

图 9-1　一张有些超现实的小鸟图片，谷歌人工智能所绘

图片由迈克尔·提卡（Michael Tyka）友情提供

成许多看起来完全有道理的事物。"[1]

　　近来人工智能似乎正在逐步攻陷我们所说的想象力领域，这就提出了一个问题：贯穿本书的人类想象模型是否只是暂时的——计算机是否最终会在想象力的领域内也取代人类呢？

把人工智能用于常规的认知任务是本书的初衷之一：随着机器在认知领域的不断发展，我们需要更加系统性地了解与利用人类的独特能力，尤其是想象力。然而当人工智能发展到一定程度时，我们将不得不质疑想象力是否还是人类独有的能力。人类是否最终也会在这个领域被取代？人工智能是否能够帮助我们进行想象？关于想象力，人工智能可以教给我们什么，以及我们应该如何在商业中充分利用它？

我们是否会被取代？

如今的人工智能所输出的某些东西看起来似乎就是想象力的产物，这是否意味着人工智能将取代我们的想象力呢？回答这个问题之前，不妨先来看一些例子。

艺术家马里奥·克林格曼（Mario Klingemann）要求一个名为生成预训练转换器 -3（Generative Pretrained Transformer-3，GPT-3）的人工智能文本生成器，用英国讽刺文学作家杰罗姆·K. 杰罗姆（Jerome K. Jerome）的文风写一则关于推特的故事。他仅为 GPT-3 输入了标题、作者名以及故事开篇的第一个字，而这个人工智能写出来的内容说是人类大脑的产物也不为过："让人意想不到的事实是，最后仅存的一种还能引起伦敦人民社交兴趣的形式竟然是推特。我像往常一样前往海边度假时，被这一奇怪的现象惊呆了，我仿佛置身于一只八哥笼中，四处都是鸟儿'推特、推特'的叽喳声。"[2]

再来看一个文学性不太强的例子，同样还是这个人工智能，这次它被要求写一些更具有实际意义的东西——一篇关于火星上有可能出现的初创公司的论文：

以下是一种有可能在火星上闯出名堂的初创公司类型：能够利用火星资源来赚钱的公司。例如，使用火星上的大气层制作肥料或甲烷燃料的公司、销售火星河水的公司、利用火星土壤中矿物质的公司、利用火星上太阳能的公司、能够采用更高光电转化效率的新型太阳能板的公司等。

我甚至会投资于一家只需要从火星的大气层中提取氦-3并发送回地球，除此之外什么都不干的公司。[3]

在智能写作领域之外，人工智能还被用于创造一些世间全新的事物。2019年，数字设计与传媒公司AKQA通过人工智能创造出一种全新的体育运动。它让算法学习了400多种运动的规则，在此基础上，这个算法给出了1000种全新的运动概念。虽然其中很多想法比较离谱，不过团队把名单缩减到10个，并对其中3个做了实地测试，最后从中选出了一个被计算机命名为"速度之门"（Speedgate）的运动（参见图9-2）。

这项运动的某些方面看起来并不陌生，但总体来讲，它具有极高的原创性。速度之门所用的球有点像英式橄榄球，运动员可

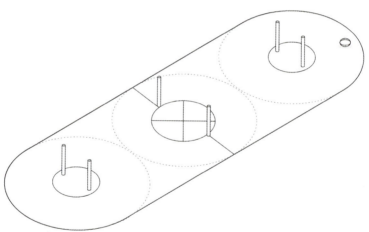

图 9-2 人们正在玩"速度之门"——由人工智能创造的一项运动（上图），

人工智能设计的运动场地（下图）

图片由 AKQA 公司友情提供

用手传或用脚踢。每支队伍必须让球穿过中心球门，才有资格在两端球门得分。球穿过两端球门（两边任意一个）可以得两分，如果一名运动员在队友进球后接住它并把它踢回去，则可以得三分。

AKQA 真正开展了这项运动，并进行了推广活动，还协助举办了速度之门联赛，现在世界各地都已有这项运动的队伍了。AKQA 称其为"世界上首个由人工智能想象出来的运动项目"[4]。

这个例子似乎蕴含了人工智能具有想象力的意味：机器生成许多新的想法，其中一个从反事实假设逐渐变成了现实世界中一个有价值的新事物。这种情况在其他领域也出现过。2017 年，一位来自西弗吉尼亚州的少年编写了一个用于撰写说唱歌词的算法，三名在巴黎的学生拿到了这个代码，稍做调整，将它应用到了绘画中。他们从这个算法的制作成果中选取了一些，其中一幅名为《爱德蒙·贝拉米的肖像》（*Edmond de Belamy*）的画作（参见图 9-3）于 2018 年在佳士得拍卖行以 43.25 万美元的价格售出。[5] 画作的署名是一段人工智能算法的代码：

$$\min_{G} \max_{D} E_x \left[\log(D(x))\right] + E_z \left[\log(1 - D(G(z)))\right]$$

人工智能已经逐渐开始常规性地执行一些在我们眼中属于"创造性"工作的商业任务了。像 Automated Insights 这样的科技公司已在用人工智能为不同的产品起草产品描述，比如这段关于牛仔裤的描述：

图 9-3 《爱德蒙·贝拉米的肖像》，人工智能所绘

图片由 OBVIOUS 公司友情提供

　　无论在何种情形下，（公司名）对于男款牛仔裤的选品都堪称一绝，总有一款适合您。无论您喜欢休闲款、修身款还是经典款，（公司名）都为您想到了。从永不过时的黑、蓝、灰，到大胆热烈的红与橙，您可以从多种颜色中选择一种适合您的风格。裤腰尺寸从 28 码到 60 码均有货，您只需选择完全满足您要求的那一件。为了包您满意，（公司名）提供大约 120 款评级在 4 星或以上的商品。您能用不足 100 美元的价格，不可思议地购买到李维斯、Lee、Dickies、威格等知名品牌。除了线上的 212 种，线下门店中还额外提供

86 款商品供您随时前来选购，（公司名）相信您一定能在这里找到下次所需的完美着装。[6]

自然语言生成工具还被用于专为不同客户定制不同的市场营销内容。[7] 在新闻界，彭博新闻社有一个名为"Cyborg"的人工智能工具，它可以通过财务报告数据写出文章的初稿。《华盛顿邮报》通过自主研发的人工智能算法"Heliograf"在一年的时间内创作出 850 篇报道。[8]

人工智能还被用于药理学，去寻找应对纤维化与癌症的新型分子结构。[9] 相比于发明体育运动或创作绘画作品，我们或许觉得药物发明不大能算得上富有想象力的工作，但其实它们的底层实现形式是一样的，都是人工智能从广阔无垠的反事实空间所蕴藏的无限可能中挑选出那些有价值的选择。

从这些例子中我们能得出什么结论呢？软件在产出类似人类创造物的领域中正在大踏步地向前迈进，有些情况下已经创造出了不容小觑的经济价值。因此人类与机器之间的界限的确正在发生变化，而且我们应当预见这一趋势还会继续。

然而，计算机还远远达不到处理想象力的某些基本能力的水平。首先就是因果关系思维模型。GPT-3 所谓的神经网络构建在互联网与书籍中的海量信息基础之上（维基百科中的 600 万篇文章仅占它所学习数据的 0.6%[10]）。从表面来看，GPT-3 所做的事与我们在本书中探讨的内容有些相似：一种以现实世界中的信息为依据的思维模型，能够生成不太离谱的新奇事物。

看来我们的人工智能打败你们的人工智能了，战争结束了。

但 GPT-3 是一种语言模型，它仅能够表现一串文本接在另一串文本后出现的概率。人工智能研究人员盖瑞·马库斯（Gary Marcus）与欧内斯特·戴维斯（Ernest Davis）观察了类似 GPT-3 的系统后表示："它们学习的并不是这个世界——它们学习的是文本以及人们把不同词语关联起来使用的方式。它所做的事类似于大型的剪切与粘贴工作——在它所见过的文本中将需要变化的地方进行缝补，而不是去深挖这些文本背后的底层概念。"[11]

人工智能还缺乏想象力中另一种最基本的部分：想象的动机。动机指的不仅是推动一个流程启动的动力，而且是对于应当为什么而想象所做的引导——什么是重新思考的重要部分。

人工智能也无法把文字与这个世界关联在一起。正如哲学家大卫·查尔默斯（David Chalmers）所写，GPT-3 "做着很多需要了解人类才能做的事，但它从来没能真正把语言与感知和行动联系在一起"[12]。正如我们所见，没有重新聚焦、进入真实世界、经过试验与沟通的想象不过只是个人的憧憬。前文提到的关于体育运动、艺术创作以及新闻媒体的几个例子，都是由人类在计算机运算与真实世界中发挥着桥梁作用。

因此，我们可以得出结论，如果人工智能在没有人类介入的前提下就无法建立因果模型、连通感知与行动，也无法产生渴望或挫败，那么它在短期内便也无法取代人类的想象力。

不过我们能够看到的是，人工智能所创造的东西为人类的思考提供了极有价值的素材，人类可以把机器的输出变成一个有用的结果。这就是另一种看待问题的角度，也是谷歌的阿古拉·伊·阿卡斯向我们强调的一点："你一定要知道，把人工智能与人类割裂开来的想法是有问题的。如果你把画面推远一点，放眼去看一个更大的社会技术体系，你会发现人工智能只是人类的另一种表达方式。在这个由人类以及人类所发明的一切所组成的巨型机器中，人工智能只是其中的一个部分。"[13]

相比于我们是否会被取代这样的问题，更有意义的问题或许应该是这种庞大的协作体系将如何向前发展。人工智能会以什么样的方式与人类合作并促进我们的想象力呢？

人工智能可以帮我们进行想象吗？

为了对人工智能与人类协作的各种可能性有一个整体的了解，我们可以参考计算机科学家及商业领袖李开复在他的《AI 新世界》（*AI Superpowers*）一书中所示的框架结构图（参见图 9-4）。

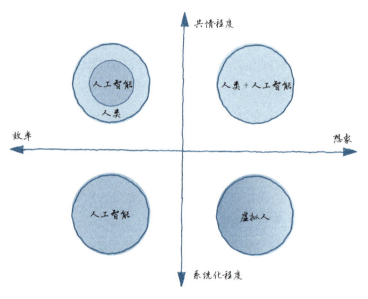

图 9-4   不同类型的人工智能与人类的协作方式

图表来源：改编自李开复的《AI 新世界：中国、硅谷与新世界秩序》（纽约：霍顿·米夫林·哈考特公司，2018），经作者许可使用

横轴的两极表示的分别是更偏向于要求效率的职业（充分开发已知领域）与更偏向于要求想象力的职业（探索可能性）。纵轴的两极表示的分别是共情程度（意识到别人的思想状态并做出

回应）与系统化程度（建立一套规则体系或在这样的体系下工作）。[14] 图 9-5 展示的是各种不同的职业在此框架下的分布。

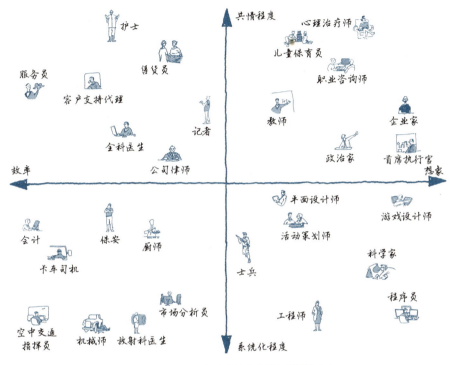

图 9-5　人工智能与人类协作中的各种具体角色

图表来源：改编自李开复的《AI 新世界：中国、硅谷与新世界秩序》（纽约：霍顿·米夫林·哈考特公司，2018），经作者许可使用

　　左下象限中主要是在基于规则的体系下对工作效率有要求的职业，比如卡车司机、厨师、会计、机械师或市场分析员。人工智能极有可能接管这些工作。左上象限中的职业需要在熟知的领

域内有较强的共情能力，比如护士、售货员、记者或全科医生。这些角色会在核心操作中运用到人工智能，但对结果做出解释以及与人接触等环节将依然由人类完成，比如说人工智能写出的体育报道需要由人类进行修改调整，或是高度依赖于人工智能进行数据分析的医生会关注与病患的人性化沟通。

右下象限中的职业处在规则体系下，但需要有反事实思维，比如程序员、工程师、活动策划师或士兵。这些职业将在想象力上与人工智能开展广泛的合作，比如平面设计师，他们对人工智能工具的运用就好像音乐家玩乐器一般；再比如士兵，他们的信息世界由人工智能构建，但他们需要应对各种不可预知的实际情况。最后，右上象限中的职业高度依赖于正确解读他人的能力，同时还要依赖自身的想象力——需要为应对特殊情况去创造新事物，或是对未来的可能性进行探索。这些职业在很大程度上将依然由人类主导，辅以人工智能的支持，例如心理治疗师、职业咨询师、政治家、首席执行官或企业家。

从这个图中，我们可以看到人工智能与人类进行协作的几种方式。人工智能可以把我们从常规性的活动中解放出来；它能够执行许多核心任务，并在此基础上叠加人类的共情能力；或者它可以为想象力提供持续的刺激。我们可以预测一下人工智能与人类之间不同的协作方式在本书所研究的每一个领域中将如何发挥作用。

通过人工智能诱导想象

人工智能可以将我们从枯燥的分析工作中解放出来，尤其是异常监测工作，它能够帮我们找到有利于激发想象的意外因素。如自动化分析公司 Inspirient 的首席执行官格奥尔格·威滕伯格（Georg Wittenburg）所述："有的东西对算法来说太简单了，就比如异常现象或数据异常值的检测。我们的系统会告诉我们'该数据集存在 14 个异常值或 14 个异常事件——不多也不少——异常清单在此'。"[15] 人工智能在医学异常检测方面也极有帮助，它提高了数据精度，同时将癌症的 CT 扫描数据处理速度提高了一倍。[16]

但算法要服从的一项限制在于，人类依然处于整个框架的核心位置：对某个思维模型来说什么算是异常，这是由人类来设定的。人工智能长于发现，但做不到关切。对系统的设计要把我们认为要紧的事物考虑进去。不过威滕伯格的算法可以通过反复的人机交互与有针对性的分析，去学习掌握人类会对什么感兴趣。

如果您想坐在这里，等我起身去拿饮料的时候，我会启动机器与您聊天。

通过人工智能充实想法

人工智能让想象力如虎添翼，它能够推动思维模型的发展进程。有一种类型的人工智能工具叫作"混合主动"交互系统，人工智能通过提出自己的建议对人类的决策进行引导与深化。这类工具目前应用于翻译与客户服务领域。[17] 不过我们可以想象这种工具在我们重新思考时会有何作用：当我们想把有关新型医疗保健公司的想法写出来或绘制出来时，人工智能可以用相关数据、类似案例参考、各种图像以及趣闻逸事为我们的想象力提供参考。

人工智能还可以通过视觉化的表现形式助力我们重新思考。基于人工智能技术的视觉化分析公司 NetBase Quid 的联合创始人兼总裁鲍勃·古德森（Bob Goodson）向我们描述了他是如何产生创建这家公司的想法的："在我接受教育的整个过程中，我觉得我对知识的了解不断得到深化，但所学的范围却越来越窄。我想要一种有效的方式帮我获取不同领域的知识。于是我去请教不同领域的思想者，问他们：'你可以指导我绘制一张把你所在领域中已知的一切囊括在内的图吗？'于是他们就会开始讲，我就开始画。我绘制过一张物理图谱、一张化学图谱，还有一张世界历史图谱。后来一位计算机科学家看到我所做的这件事后说道：'我觉得计算机可以自动完成这一切。'"[18]

古德森便开始开发这样的人工智能软件，通过绘制知识图谱帮助人类进行想象（参见图 9-6）。随着各类人工智能工具不断得到开发，它们将会在人类的重新思考与理念发展中提供越来越有效的支持。

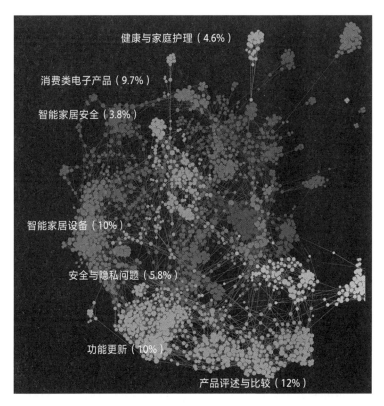

健康与家庭护理（4.6%）

消费类电子产品（9.7%）

智能家居安全（3.8%）

智能家居设备（10%）

安全与隐私问题（5.8%）

功能更新（10%）

产品评述与比较（12%）

图 9-6　由视觉分析技术公司 NetBase Quid 生成的客户需求图谱

图片由 NetBase Quid 公司友情提供

通过人工智能与世界碰撞

人工智能并不是直接帮我们探索这个世界，而是给我们提供了一个探索模拟世界的机会。所谓模拟世界，是一种比我们的思维模型更复杂的模型，但进入它比进入现实世界更容易。美国国防部通过人工智能模拟系统来测试新战术与新战略。IBM 的准合伙人兼执行项目经理查尔斯·沃特斯（Charles Waters）是这样评价的："以人工智能为基础的沉浸式培训，大大提高了受训人员与士兵们学习掌握先进作战技巧与技术手段的速度……而且除了提升我们对战争的响应程度，人工智能及其分析能力还能够辅助我们开发新的战略部署方式。"[19]

我找 IT 部门要了一张关于我们客户需求的知识导图……

与人工智能的沟通本身也可以成为一种将我们的想法置于现实世界去获得意外反馈的方式。分析师格温·布兰文（Gwern Branwen）是这样描述的：

> GPT-3 的神经网络就其能力与涉及的数据范围来说是如此巨大的一个模型，它表现出的是一种本质上完全不同的行为：你不是把它应用到某种基于训练数据而来的固定任务中……而是与它进行互动，通过自然语言的描述、请求与例证告诉它需要执行的任务，并不断修改提示语，直到它"懂了"，然后根据预训练中习得的粗略抽象概念对新的任务进

行元学习。它使用的是一种非常不同的深度学习模式，我们不妨把它想象成一种新型的编程方式，而我们的提示语就是一个能够让 GPT-3 执行新任务的"程序"。相比于常规的编程，"提示语编程"更像是教导一只超级聪明的小猫学习一种新技巧。[20]

与人工智能的交互可以是一种介于与人聊天和探索世界之间的活动。我们可以拿着一个早期想法告诉人工智能："这是我关于新型银行的一个想法，请按照这些要点给我一个财务分析人员可能给出的反馈"或是"……科幻小说作家可能给出的反馈"，当你拿到它给出的结果时，再加码别的要求，比如"现在让它更刺激一点"，或是"现在再增加一点批判性"。

通过人工智能进行传播

人工智能可以帮我们有效地传播想法，并把人物关系用视觉化的方式呈现出来，向我们展示一家企业在现实中是如何运作的，它带给我们的信息与正规的组织架构图相比是不同的。比如说 BCG 与 Humanyze 公司展开过一次合作，收集了人们在其纽约办公室搬迁前后的互动数据，从中寻找一些社交互动规律。[21] 我们可以通过这些互动数据发现隐秘的关系网络，也可以根据这些数据设计一个有利于人们把自己的想法在公司内进行传播的空间。

想象力所面临的一个核心挑战在于思维模型的沟通比较困难。而人工智能可以通过把抽象的思维模型转化成图像或故事，轻松地帮我们解决这个问题。例如，英伟达公司开发了一种工具，它能够把人类宽泛的、概念性的涂鸦转变成照片级的风景图（参见图 9-7）。[22]

图 9-7　人工智能可以把手绘的一片色块变成令人深受启发的画面

图片由英伟达公司友情提供

可以想象，若在未来有了这样的技术，我们就能快速勾勒出一个新产品的模样或是一个重新构想下的商业形式。这种工具应该能够对文字或视觉元素进行加工。我们可以把自己对未来公司的想法粗略地画上几笔，输入人工智能系统，然后由人工智能根据一些精彩的故事、过往的先例、其他事物的类比分析以及各种图像参考，完成具体元素的补充，换句话说，通过人工智能的精修与打磨，生成一种能够更加有效地把想法传播开来、启迪他人的东西。

通过人工智能建立新常态

人工智能能够帮我们把一个理念得到成功应用背后所具有的共性特征或者核心特征提取出来，这对于创新事物的规范化与流程化，甚至于开创一种新常态都至关重要。尽管人工智能（还）无法掌握因果关系，但它可以通过规律的识别帮我们在操作手册、解决方案，以及用户操作界面的设计中提供有效的支持。特别是随着客户的产品使用习惯被越来越多地以数据形式捕获，新事物的规则编制就更有方向性了。比如说，这种方式可以应用到新耕种方法的数据分析上，它可以帮我们确定哪些属于所有情况都适用的特征，并让我们了解农民需要怎么做才能将新方法的潜能发挥出来。再比如说，通过研究某种试验性的教育技术在使用过程与使用结果上的数据，圈定可以应用于新平台的特性范围，并指导人们学会使用这些功能。我们需要正视的一点是，有了人工智能，一个理念的持续演化会变得更加容易，因为人工智能能够从产品与客户的互动数据中洞察到新的变化，由此不断地对指令与用户界面进行升级。

通过人工智能让想象力重现

最后，人工智能可以帮我们从企业中找出并追踪那些对于保持思维的双重性必不可少的条件。比如说，算法可以对一个公司中出现的互动与尝试数量进行评估，并在此基础上判断这样的公司是否能够将想象力保持下去。或者我们也可以通过人工智能分析现有员工或未来员工的行为与特点，确保公司能够源源不断地收获具有反事实思维的人才。[23]

人工智能能够教给我们什么？

除了提升我们自身的想象能力，把一些精力放在开发更具想象力的人工智能技术上或可让我们更有效地了解想象力是什么，以及如何能更好地利用它。无论人工智能技术处于什么样的发展阶段，尝试把想象编译出来的过程，就是我们逼自己把最依赖直觉、最不明确的事物清楚地呈现出来的过程。也许人类更擅长想象，但尝试构建人工想象的过程，或许能让我们对想象在个人层面以及集体层面的发生过程有更多的了解。

这对于集体层面的想象，也就是让整个组织机构充满想象力来说尤为重要。组织架构的设计直到如今依然主要是以协调执行为日的。不过现在出现了一个叫作"组织算法"的全新领域，它把组织机构本身视为一种算法，即某些系统中的执行脚本或指令序列。[24] 算法并不一定只能在芯片上运行。正如我们在第七章所研究的，企业脚本可以在企业中由相互关联的大脑组成的网络上运行，这个网络就是一个行之有效的神经网络。这样一来，这个问题就变成了：人工智能算法是否能够指导我们组织人类进行集体想象？

这一领域的研究才刚刚起步，但我们或许已经可以从中有所收获了。

通过对抗进行想象

已经在创造性应用程序中得到使用的一种最有趣的人工智能算法叫作"生成对抗网络"（generative adversarial networks，GAN），它通过两种相互对立的网络发挥作用，一种是生成模型，另一种是判别模型（参见"生成对抗网络"模块内容）。

GAN 的工作原理与我们在个人层面与集体层面都探讨过的一个重要主题有关：多重思维以及认知多样性的重要性。把 GAN 运用到公司层面会是什么情形呢？我们可能需要设置互相牵制的人员网络，一部分人负责创造，另一部分人负责对这些创造进行批判；其中的关键在于，这两方人员应当能够在履行自身职责的同时从对方的身上学习，不断打磨与优化各自的工作结果。这种真人版 GAN 可以通过游戏、比赛或其他能够制造有效对抗的形式展开，网络中的双方根据对方的输出结果与经验教训不断调整各自的运作方式。

生成对抗网络（GAN）

一开始试着去生成一个人工智能想象结果时，研发人员碰到的问题是，当你要求计算机生成某个事物时，比如说全新的人脸图片，计算机给出的结果是在它的认知范围内（也就是像素）它所见过的每一张面孔的平均值，因此最后的生成结果只能是所有人独特的面部特征均值化后的模样。

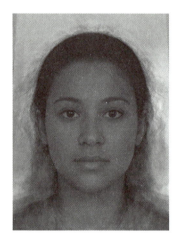

根据各种面孔图片的平均值所生成的人脸

图片来源：丽莎·德布兰（Lisa DeBruine）与本尼迪克特·琼斯（Benedict Jones），伦敦面部研究实验室，2017，http://faceresearch.org/demos/average，知识共享组织（Creative Commons）

下面就轮到 GAN 上场了——它用到的也是创造出"速度之门"运动和画作《爱德蒙·贝拉米的肖像》的人工智能算法。GAN 由两个相互博弈的算法组成。首先，其中一个算法通过随机噪声①生成新图片，这就是"生成模型"。由此开始，这些新生成的图片被输入另一个算法，也就是"判别模型"中，它的目标是根据预先训练过的真人面孔数据辨别这些图像是不是真人的脸。生成器所生成的图像如果通过了判别器的评估，就会得到"奖赏"。

一来二去，判别器会越来越擅长挑出那些看起来不像真人面孔的图像，而生成器制作新面孔图像的技艺也会越来越高超，让这些无一来自真人面孔的图像看起来与真人无异，也就是说它逼真到足以骗过判别器。这两个算法斗法的结果就是，虽然人脸图像完全是生成的，但已经逼真到连高度敏锐的人脸鉴别器也难辨真伪。

从另一个角度来说，GAN 就是社会想象的一种基本形式。就像谷歌的人工智能科学家阿古拉·伊·阿卡斯所说，一个 GAN 就是一个"最小的社会，一个有两个主体的社会"[a]。两个主体共同作用，形成更强大的一个整体。就 GAN 而言，这两个主体指的就是两个算法。每个主体都在试图降低自己的"损失函数"——该函数体现的是这个主体有多接近目标的达成——然而两个主体间的交互结果却超越了优化的范畴（创造出所有人脸的完美平均值），提供了丰富多样的创新性结果输出。阿古拉·伊·阿卡斯认为，这种动态变化适用于真实世界中的任何层面，从我们身体中的细胞，到社会中的想法皆是如此："这种动态过程从来就不是一台独角戏，每一个角色都在这个共同的动态空间中不断拉扯空间的形状。"GAN 其实诠释了想象力最核心的社会属性，以及不同思维类型在生成创造性输出结果时所发挥的作用。[b]

---

① 随机噪声是指一种由随机产生的大量起伏骚扰累积而造成的，其值在给定瞬间内不能预测的噪声。现经常用人工添加随机噪声来进行信号复原、图像复原等工作。——编者注

这些面孔不属于任何真人，也并非真人面孔的重组，而是完全凭空创造的

图片由英伟达公司友情提供

事实上，不同功能间进行对抗的理念也得到了脑科学发展的佐证。与 GAN 一样，我们的大脑中似乎也有两种相互较量的体系，一种负责创造，另一种负责阻止或质疑。[c] 大脑作用的发挥有赖于这样的对抗，这也是一种说得通的理论。[d] 比如，当一只动物看到危险的地方有一些食物时，它大脑中的不同想法就会开始对抗，一部分想法由饥饿驱动，另一部分想法由恐惧驱动。能够生存下去的动物并不是依靠某种中

制造想法　　　　　　　320

央执行功能做出了最优决定，而是它的不同想法在对抗中达到了最优调整，让它在不同情境下做出了最明智的选择。[e]

注释

a. Blaise Agüera y Arcas, interview by BCG Henderson Institute, February 10, 2020.

b. Blaise Agüera y Arcas, "Social Intelligence," SlidesLive, December 11, 2019, https://slideslive.com/38922302/social-intelligence.

c. Marcus du Sautoy, *The Creativity Code: How AI Is Learning to Write, Paint and Think* (New York: Harper Collins, 2020), 134.

d. Adi Livnat and Nicholas Pippenger, "An Optimal Brain Can Be Composed of Conflicting Agents," *Proceedings of the National Academy of Sciences of the United States of America 103* (2006): 3198–3202.

e. Livnat and Pippenger, "An Optimal Brain."

- -

用提示语代替程序代码

如今这些最强大的人工智能算法，比如 GPT-3，有一个非常令人欣喜的特性，那就是用户与它们的交互不是通过传统的编程方式来进行的，而是使用提示语。也就是说，人类输入的一条信息就好像一粒种子，它生长成了一个比较长的响应，由此反向激发了人的想象。使用 GPT-3 时，你还可以对一个叫作"最优"的设置进行调整，它指的是人工智能最终输出的结果数量，人工智能会从中择一显示。

或许我们可以想象把类似的规则运用到组织机构层面。就好比一条提示语能够将人工智能中丰富的知识储备调动起来，一名首席执行官也可以通过文字、图像、视频等方式做出一个提示，让整个公司对其做出响应。这些响应结果或许可以通过人工智能或由中介团队甄选后呈现给决策制定者，进一步激发他们的想象力。整个过程中至关重要的一点就是速度：这么做的目标不是一蹴而就地求得完备的项目提案或是制作精良的视频内容，而是要获得快速响应并将其迅速反馈给管理层，不断让其出现在管理层的探讨范围内。

控制温度

GPT-3 另一个能够给人以启发的功能是调节人工智能响应结果的"温度"，也就是偏离高概率响应结果的程度。当你想让人工智能解决一道数学题或一个事实性问题时，应当把"温度"调低：你一定不希望这类型的答案中有过多随意、跳脱的成分。但当你的目的是增加反事实想法时，把"温度"调高就是有道理的。

我们同样可以试想在企业中实践这种做法。理想情况下，企业的领导者应该有能力为企业中不同的部门调试不同的温度，对项目中某些特定的工作流程尤其应当如此。有的公司已经在这么做了，它们设置了一些创意部门专门研究疯狂大胆的项目。不过我们可以推动这种做法，让它成为贯穿整个公司的一种原则。一名经理对他安排下去的每一部分工作都可以设定 1~10 的温度。对于他要求提供的上季度零售分析报告，可以把温度设为 1（"将平常我们关注的事实数据提供给我"）、设为 6（"增加一些推测性的探讨"），或设为 10（"问一些反事实的问题，并寻找能探索这些问题的新数据"）。

他想要上季度的零售数据……不过要求以五步抑扬格的诗歌形式写，还要配上音乐……

· · ·

虽然我们还远未达到由机器取代人类的程度，但两者之间的边界无疑发生了变化。这种变化将会持续下去，而未来也会不断出现新的机会，帮我们更好地理解与利用好想象力。为了让我们做到有备无患，也算是呼应谷歌科学家阿古拉·伊·阿卡斯所说的话，我们应当记住，要把我们自己与人工智能视为社会技术体系中的统一体，而非相互取代的关系。换言之，我们寻求机会去了解与利用想象力，不仅是为了在人工智能与人类之间进行角色分配，更是为了将两者结合，提升想象力的效用。

想象我们与人工智能肩并肩的样子！

第十章

重燃想象力

手机巨头诺基亚败在苹果手上的故事大家恐怕再熟悉不过了，但这个故事中有一个部分常常不会被人提起：诺基亚后来对自身进行了重新构想，现已成为全球通信基础设施领域中重要的市场主体之一。它是怎么做到的？公司领导层在重燃想象力的过程中又发挥了什么作用呢？

在 2012 年里斯托·西拉斯玛（Risto Siilasmaa）担任诺基亚董事会主席之前，诺基亚的董事会与管理团队遵循的是一种保守的企业文化与层级管理思路：极少有异议，"对其他业务场景与业务模式没有探索"，而且相信"有这样的规模就能无往而不利"。[1]西拉斯玛希望能够把公司的想象力激发出来，他要求董事会去反思，希望如何运作与开创一套规则：鼓励提出反对意见，确保做每个重大决策之前都对其他替代方案进行过研究，使每个决策都成为公司"基于充分信息所做出的想象"。公司遇到的危机也给了西拉斯玛一个放弃从前的思维方式、探寻其他可能性的机会。

西拉斯玛向我们讲述了这种思想上的转变：

2013 年 8 月，我们开始为诺基亚的未来谋划其他出路。做到这一点很难，因为你很难想象诺基亚如果不是一个手机公司，还能是什么——尽管公司曾经有很多其他种类的产品。但既然确定把手机业务卖给微软是我们最好的选择，我们就必须集中精力进行新的想象。这种局面其实充分解放了我们的思想：之前我们从来没有对各种极端的可能性做过探索，因为它们有可能损害手机业务。于是我们调集各个业务部门的领导者组成了一个团队。与这个团队所做的探讨至关重要——让我们最终把目光转向了我们的基础设施合资公司 NSN，我们认为它有可能成为整个公司的未来。[2]

这次想象的重燃非常成功。如今的诺基亚与爱立信、华为一样，成了一家全球领先的通信基础设施供应商。（参见图 10-1）

图 10-1　一个曾被忽视的业务单元成为新生的诺基亚

图片由诺基亚公司友情提供

• • •

本书前面的每一章关注的都是采取什么样的措施能够有效地发挥想象力的作用。然而，有一个问题依然存在：企业领导者应该从何处着手？什么是你能采取的关键措施，也就是用什么去点燃想象的那把火呢？

本书最后一章列出了可供企业领导者采取的六大举措。

等待危机或引爆危机

或许我们对危机的第一反应都认为它是一种负面事件，然而危机却可以成为激发公司想象的良机。很多伟大的企业都是在面对危机的过程中建立起来或是改头换面的（参见表10-1）。一场危机能够让人们意识到当下遵循的思维模型后继无力，想维持下去已不再现实；它促使人们开始重新思考，并去更大的范围探索别的可能性。

一场危机，可以是不期然的遭遇，也可以是被提前戳破的毒瘤。雷富礼（A. G. Lafley）在2000年成为宝洁公司的首席执行官，当时公司正麻烦缠身，于是他决定通过大规模的客户调研找到公司未能满足客户需求的方面，向危机深处掘进。最后，重新构建了产品体系的宝洁公司焕发了新生，其有机销售额在过去10年间获得了每年5%的增长。[3]

查尔斯·梅里尔将精力放在西夫韦连锁超市之时，美林公司

表10-1 许多伟大的企业成立于面临危机之时

	一战与西班牙流感（1914—1918）	大萧条（1929—1939）	二战（1939—1945）	20世纪70年代石油危机（1973—1975）	互联网泡沫破裂、非典（2000—2003）	新冠肺炎疫情（2020—？）
成立	波音、宝马、赫兹	百特国际有限公司、普利司通、好事达保险公司	起亚汽车、达乐公司、麦当劳	联邦快运、微软、家得宝	百度、Atlassian软件公司、潘多拉珠宝公司	？
重新想象	劳斯莱斯（航空发动机）、雷诺（拖拉机）	宝洁（赞助播出肥皂剧）、美林（零售经纪）、通用电气（电器金融）	陶氏化学（合成材料）、洛克希德·马丁公司（增压飞机）	俄罗斯联合航空制造公司（多元化）、丰田/本田（燃油效率）	阿里巴巴（B2B、电子商务）、亚马逊（电子商务平台）	？
新发明或新开发的事物	太阳灯、血库、卫生巾、不锈钢、拉链	迪士尼的第一部动画电影、画电台、汽车电台、超市、乐之饼干	计算机、喷气式发动机、火箭、青霉素、原子能技术	生物燃料、通用处理程序、汽车燃油效率	iTunes、iPod、监控技术、维基百科	？

数据来源：BCG亨德森智库分析数据；BCG亨德森智库友情提供，版权保留

将经纪业务出售给后来的美国第一大经纪公司 E. A. Pierce。然而 E. A. Pierce 公司在 20 世纪 30 年代陷入了危机。危机的逼近迫使公司的一名领导者温斯洛普·史密斯开始采取行动。他的儿子小温斯洛普·史密斯向我们讲述了这场危机与转型思考之间的关联：

> 要我来说，这关乎公司的生死存亡。我父亲意识到 E. A. Pierce 不可能以原有的方式继续下去了。他需要新的眼界，很快也会需要新的资金。他想，谁能够比他的朋友、前任合作伙伴查尔斯·梅里尔更胜任这一角色呢？一切就是这么开始的。查尔斯对于回归公司满怀希望，但他明白，公司如果要生存下去，就必须做出重大改变。[4]

有时候，危机就在路的前方，而人的思维模型需要能够快进一步先期到达。诺基亚面临的就是这样一个问题。按西拉斯玛所述，"我觉得董事会中没有人意识到事态已经严重到何种地步……董事会成员中弥漫着一种'不要节外生枝'的气氛"[5]。诺基亚的新任首席执行官史蒂芬·埃洛普（Stephen Elop）用一个掷地有声的故事，向这种轻慢的态度发起声讨。他用了一个老掉牙的说法——"燃烧的平台"，通过电子邮件向员工描绘了一个激荡人心的画面：

> 有这样一个贴切的故事，讲的是一个在北海的钻井平台

上工作的人。一天晚上他被一声巨大的爆炸声惊醒，发现整个平台一瞬间燃起了熊熊大火。顷刻间，他被烈焰包围了。穿过滚滚的烟尘与烈火，他勉力从一片混乱中摸爬到平台的边缘。他从平台的边缘向下望去，目之所及只有阴沉、冰冷、透着不祥之兆的大西洋。随着火势逼近，这个人只有几秒钟的反应时间。他可以选择站在钻井台上，然后毫无意外地被大火吞没。或者，他也可以选择从30米的高台上一跃而下，一头扎进冰冷刺骨的海水中。站在"燃烧的平台"上，他需要做一个决定。他决定跳下去。

在过去的几个月中，我一直在听各位股东、运营商、开发商、供应商以及各位同事的想法。今天，我想谈一谈我了解到的情况以及我越发确定的看法。我认为我们正站在一个燃烧的平台上，而且，我们面临的是多处爆炸——四处都是灼人的热源在我们身边燃起的烈焰。[6]

危机的到来通常伴随着某种有利于激发人们想象力的制约条件。在诺基亚的案例中，这种制约条件就是不能再依赖自己的"明星"业务——手机业务了。业务外包服务公司简柏特（Genpact）的首席执行官泰格·提亚加拉杰（Tiger Tyagarajan）认为，新冠病毒的制约因素是这样迫使人们重新想象的："这就像有一天，我们收到这样一条信息：'限制条件——不可以去办公室。'紧接着5个月后，全世界都切换到了居家办公模式，而且奏效了。这是怎么做到的呢？限制条件，或者说困扰，如果用好了，就有利于激发想象力。人们常说：'好吧，我们不允许这么干。那什么是我们能干的呢？'"[7]

我就是觉得应该还有别的路能下去……

领导者的一个作用就是要比其他人更高瞻远瞩，把看到的东西带回来告诉其他眼界不够宽的人。[8]抢在这个世界动手之前先把坏消息带回来，施加必要的限制条件，这将有助于想象力的开启。

深入世界

不管是不是有幸能与一场危机正面交锋，你通常只能在公司以外的地方发现驱动想象力的因素。如我们所见，意外能够触发想象，但只有当你能感知到意外的时候，意外才有出人意料的效果。因此，刺激想象力的另一种干预方法就是强迫人们到公司外的世界去接触意外。

印度最大的消费品公司印度斯坦联合利华公司为我们提供的就是这样一个实例。这家公司在 20 世纪 90 年代保持着 40%的增长率，但是 2000 年以来，公司的增长率逐渐降低。我们采访了当时的首席执行官、现任联合利华全球首席运营官尼汀·帕兰杰佩（Nitin Paranjpe），他给我们讲述了当时的情形："就在我接任首席执行官数月后，公司就忙于应对一个非常严峻的挑战——全球金融危机，这种局面令人深感不安。我们当时还面临着这样的处境，公司的股价已有六到八年在总体上持续走平，人们觉得公司好像失去了好运的庇护。"9

帕兰杰佩决定开启新的思考。2010 年，他把 15000 名员工全部派出去与全国各地的客户见面，即兴、坦诚地与客户进行交谈。在返程中，员工需要按要求把一系列问题（参见图 10-2）的答复记录下来。帕兰杰佩说道："公司中的每一个人，从我自己，到前台接待人员——每一个人——都必须走出去与客户交流，这些客户大多数是家庭经营的小型零售店，它们占到了公司业务的很大一部分。每个人回来后都要进行分享：你听到了什么？哪些地方让你感到意外？哪些事情证实了你了解的情况？还有至关重要的是：有没有新的想法？对此我们应该做些什么？"10

这个做法不是一次性的：每个月会有不同的团队被派到实地了解情况。这就带来了一系列有用的意外信息。就像帕兰杰佩所说："你以为自己交付的产品质量非常好，然而你却发现，原来货架上的产品包装有破损，品牌名称看不到……再比如说，你为了降低单位商品的包装价格，把带外包装的商品由九打一组变成

图 10-2　每名印度斯坦联合利华的员工实地走访时带的问题清单

了十二打一组。但之后你碰到某个客户向你抱怨，称这样做会让整件商品价格过高，很难把它推向批发渠道。"不过总体而言，"最有力的变化在于它改变了公司在如何真正为消费者与客户带来改变方面的想象能力"[11]。

为了评估这项做法的效果，公司从库存新鲜度、品牌推广度、与客户的接触程度以及产品盲测的胜率等几个方面进行考量。这些指标都在其后的两年间得到了改善。2012 年，其 60% 的产品组合经历过某种形式的创新改革，公司股价上升了 34%。印度斯坦联合利华公司从 2010 年相对陷入停滞，到 2012 年一跃成为《福布斯》全球最具创新力企业榜上排名第一的消费品公司。[12]

我们正在寻找一个意外。

树立理想

另一个让企业在想象力之路上走得更远的方式是去树立一个宏伟的理想——一种足以激发公司员工与客户想象力的抱负，它既能激励人心，又带有一些挑战。

与人们通常所理解的不同，理想可以也应该能够随着时间不断演化，因为事物在发生变化，公司也需要被重新想象。阿里巴巴就是这样一个例子，它认为公司的一切，包括公司的愿景与目标，都应当与时俱进。[13] 20 世纪 90 年代末，阿里巴巴最初的目标是成为一家"服务于中国小型出口企业的电子商务公司"。进入 21 世纪初，随着国内消费市场被引爆，市场格局发生了巨变，阿里巴巴将目标扩大为"促进中国电子商务生态圈的发展"。近年来，面对实体渠道与数字渠道的融合，公司再次将目标调整为"构建未来的商业基础设施"。[14]

除了树立一个理想，你还需要明确当下现实与理想之间的差距。如果理想只是对现状的描述，或是听起来像是一种祈愿，那么这样的理想便无益于想象力的激发。明确差距，了解公司目前还达不到理想中的样子，这将会带来刺激想象力所必需的一些困扰（"既然如此，怎么才能做出改变呢？"）。如果理想中的内容真正能够激励人们思考，让人觉得"是的，我坚信这是件对世界有价值的事"，那么你就深入人们的渴望了，而这是想象力即将开启的另一个征兆。

鼓励思考

企业领导者还可以从鼓励人们进行反思着手。在领导力缺位的情况下，一个组织机构在危机中默认的应对方式就是着眼于当下，立足于现状。对此，诺基亚的西拉斯玛有一些建议：

> 一个非常重要的教训就是，无论你准备什么时候开始做一件重要的事情，首先应该做的就是：停！退一步想一想，把问题的核心提取出来。记住你小时候在交通安全课上所学的内容：停、看、听。
>
> 这一点同样适用于领导力，而且面临的挑战越严峻，这一课就越有必要……这不仅仅是指需要在采取行动前停下来

听一听别人的意见，看一看周围去审时度势。我所说的是要在抽象阶梯①上再向上攀一级。[15]

有时候，新的可能就近在眼前，却未能引起人们的注意。就像西拉斯玛所说："退出核心业务，围绕公司业务的基础设施进行重建，这种理念实际上并不是奋不顾身的盲目试探——它是一种我们已经拥有的业务，我们只是需要围绕它把思维模型进行重构。"[16] 意外也可以来自我们从当下的某些方面所看到的潜力。就像科幻小说作家威廉·吉布森（William Gibson）所说："未来已来——它只是分布不均衡而已。"[17] 但如果你没有时间退一步去反思，你也无法看到它。

你需要把这样的习惯贯穿到整个公司中。在印度斯坦联合利华的案例中，每名员工都被派出去做实地走访，它的作用不仅在于马上产生新的想法，更在于鼓励思考，也就是问自己这些问题：公司的哪些做法需要停下来？公司应该开始做什么？一名观察员是这样报道的："由于认识到了员工反馈的力量，并鼓励每一个人参与到创新的过程中来（此前这些都是'品牌开发人员'与'脑力劳动者'所负责的领域），印度斯坦联合利华打开了每名员工想象力的闸门，为各职能部门带来了源源不断的想法与创新的可能。"[18]

---

① 抽象阶梯（ladder of abstraction）是由美国语言学家 S. I. 早川（S. I. Hayakawa）提出的。他认为，所有的语言都存在于阶梯之上，最抽象的语言和概念在阶梯的顶端，而最具体、明确的语言在阶梯的底部。——译者注

我正沉没在一个新的思维模型中。

塑造新型的英雄

把公司变成一个想象力机器还可以从塑造不一样的英雄开始。根基深厚的公司会给从核心业务中提拔出来的人员授予荣誉，他们是那些从现有业务模式中挖掘出价值的人。而富有想象力的公司一定同样要对能够启发新灵感、创造新可能的人员给予赞赏。

在研究大型服务集团瑞可利集团时，我们最早接触的人中就有山口文洋，他是许多新业务的创始人，别人把他引荐给我们时称他为"公司中最重要、最受人尊重的人之一"。显然瑞可利的企业文化非常推崇创业英雄。在交谈过程中，许多员工都告诉我们："人们可能没听说过公司中的某些高管，但都知道为公司创造了新业务的人。"

韩国的化妆品集团爱茉莉太平洋（AP）采取的也是同样的方式。该公司最成功的产品——一块同时包含防晒霜与基础底妆产品的海绵（AP 公司称其为"气垫"），它的起源就是这样一个例子。一个案例研究报告是这样描述的：

> 事实上，这个项目提议最初并非来自产品开发部门。一位销售部门的年轻女性员工首先提出了这个想法，非正式地协调了整个开发进程，而这件事远远超过了公司安排给她的工作职责范围。其后，数不清的研发与市场人员以及高级管理人员——包括董事长徐庆培——都愿意加入由这名年轻员工发起的项目。据他们回忆，尽管气垫产品的开发并非他们的正式职责，但他们都自觉自愿地为这个项目贡献了自己的专业知识、想法以及能量，而这一切仅仅是因为他们有兴趣协助推出这样一款全新的产品种类。[19]

在一次演讲中，徐庆培正式宣告："AP 作为一家公司，应当为每一位能够提出创意、充分发挥自己创造力的 AP 人提供舞台。"[20]

看似矛盾的是，尽管想象力离不开集体的努力，但把公司中提出最初想法的个人尊崇为英雄，将有助于激励其他员工充分发挥各自的想象力，最终提升整个公司的集体想象力。

为大胆的举措松绑

具有发展潜力的创新想象并不是在大脑中经过精心构想就

可以成形的，对行动的重视必不可少。简柏特曾经是通用电气公司的一部分，它的首席执行官泰格·提亚加拉杰向我们讲述了20世纪90年代末通用电气的企业文化。通用电气开创进取的文化让简柏特得以起步、发展，最终分离出来成为一家独立运营的公司："通用电气金融服务公司当时的首席执行官加里·文特（Gary Wendt）曾对我说：'既然如此，你可以把这项业务搬到印度去试试看。电话在那儿根本行不通，而你们几个想通过几通电话就向美国提供服务。这个想法真的非常愚蠢，但我愿意给你们批100万美元去尝试！我只能给这么多。如果你们成功了，皆大欢喜。但如果失败了，你们只能自求多福了。'"[21] 出于对实干结果的偏好，文特会允许其他人做出大胆的尝试。

在印度斯坦联合利华的例子中，尼汀·帕兰杰佩的大胆之举在于疯狂地扩张分销渠道。当时公司已是印度业内的领军企业，分销网络涵盖100万家门店，并且平均每年增加2.5万个门店。分销网点的增长要想超过这个速度似乎很难。就像帕兰杰佩所说："全印度存在600万家商店……但是在遥远的地方开设网点并不经济——我们的单店销量太低了。"[22]

然而，帕兰杰佩设定了一个听起来像是"天方夜谭"的目标：要在一年的时间内增加50万家门店。他这样说道："我们所释放的能量与创造力是前所未见的。团队标注出了国内每一个村庄的地理位置，通过多重数据来源去判断门店扩张所能带来的机会。"公司还解决了单店成本的问题："有人建议：'我们自己的可售商品是有限的。如果我们愿意代售其他公司的商品，把它们也分销出去会怎么样呢？如果我们找到非竞争性的公司，而且对方愿意向我们支付佣金，我们就可以通过分销他们的商品赚钱'。通过这种方式，我们的吞吐量将会增加，成本将会减少，整个运营就行得通了！"[23]

帕兰杰佩清楚地解释了为什么行动之"勇"至关重要：它打破了现有的模式，让人们不得不从中走出来，进行反事实的思考：

一个在原有基础上做增量的方案，将会被拿到现有的思维模型下进行争论与商讨。倘若我当时找到销售总监告诉他我们应该增加 5 万个网点——而非 50 万个——我们不会取得任何进展。销售总监大概会告诉我，"这样啊，我们去年只增加了两万个"，然后我们可能会进一步商榷，比如说改为 3.5 万个，而对此总监会想办法劝服我这个目标非常不切实际。

而 50 万个网点，它不具备任何商讨意义。因为 40 万也好，30 万也好，听起来都跟 50 万一样"愚蠢"。可能看起来有些奇怪，但我在团队追逐这个骇人听闻的目标之时，看到了一种不一样的能量、配合与用心。有了这一切，同样一支团队创造出了完全不同的结果。我曾多次思考过为什么在一般情况下人们会对目标讨价还价——因为他们害怕失败。目标如果定在 5 万，公司就会期待你完成这个数据；你如果只完成了 4 万，就失败了。但如果你追求的是 50 万，反而对失败没什么好怕的，取而代之的是走在前无古人的道路上时，那种尝试所带来的快乐……作为一名领导者，你的任务就是要把人们从对失败的后顾之忧中解放出来，允许他们去感受开拓新事物的快乐……每个人都想做一些有英雄气概的事，但稳妥的目标甚至无法为人们创造当英雄的可能。[24]

当我们把路线设定在未知的领域中时，想象力就会成为向导，我们会发现并做一些踏上来路之前从未想象过的事。就像品牌战略家与电影制作人乔伊·雷曼（Joey Reiman）所观察到的："这就像世界上一些伟大的作家常说的，他们开始写一篇小说，但最后发现故事走向了连他们自己都未曾想象过的地方。我不会让故事按你的想象发展。我会让故事停留在你永远想象不到的地方。我想，自由意志，以及你自身的坦诚、虚心和坚韧的品格，会把你带到一个你如今还不知道的地方。"[25]

· · ·

领导与管理的关注点往往集中在业绩的最大化上，但就算是表现十分抢眼的企业，在错综复杂、不可预知的挑战面前也需要对自身进行重新想象，才能保持公司的活力。这就需要一门关于想象力的利用与新型领导力行为的新学科来提供支持。希望本书能在此方向上首先迈出具有实用性的几步。

注释

第一章

1. Since the 1960s, the proportion of industries in which the top player has led for more than five years has dropped from 77 percent to 44 percent. The graph shows the changing rate at which companies whose total shareholder return is in the top quartile of their industry fade to the mean of their industry. For example, companies that were in the top quartile of their industry in the five years leading to 1990 only dropped around 10 percent back toward the mean in each of the subsequent five years. Whereas companies in the top quartile of their industry in the five years leading to 2010 dropped about 90 percent back toward the mean on average in each of the subsequent five years. We analyzed companies with inflation-adjusted revenue greater than $50 million each year; top and bottom 5 percent of outliers truncated (winsorized) to reduce impact of extreme outliers.

2. Yuval Noah Harari, *Sapiens: A Brief History of Humankind* (New York: Harper, 2011).

3. Carlota Perez, *Technological Revolutions and Financial Capital: The Dynamics of Bubbles and Golden Ages* (Northampton, MA: Edward Elgar Publishing, 2002).

第二章

1. Thomas Suddendorf and Andy Dong, *On the Evolution of Imagination and Design, Oxford Handbook of the Development of Imagination* (New York: Oxford University Press, 2013).

2. K. G. Palepu, T. Khanna, and I. Vargas, "Haier: Taking a Chinese Company Global," Case 9-706-401 (Boston: Harvard Business School, 2006).

3. "A Difference That Makes a Difference: A Conversation with Daniel C. Dennett," *Edge*, November 22, 2017, https://www.edge.org/conversation/daniel_c_dennett-a-difference-that-makes-a-difference.

4. K. J. Friston, "The Free-Energy Principle: A Unified Brain Theory," *Nature Reviews Neuroscience* 11, no. 2 (2010): 127–138.

5. Jørgen Vig Knudstorp, interview by BCG Henderson Institute.

6. Knudstorp, interview by BCG Henderson Institute.

7. Knudstorp, interview by BCG Henderson Institute.

第三章

1. Omar Selim, interview by BCG Henderson Institute, London, May 23, 2018.

2. William J. Freedman, "Neurodynamic Models of Brain in Psychiatry," *Neuropsychopharmocology* 28 (2003): S54–S63 (italics added).

3. M. Moldoveanu, "Managing in the Zone of Oblivion," *Rotman Management Magazine,* January 1, 2011.

4. Roselinde Torres et al., "The Rewards of CEO Reflection," BCG, June 29, 2017, https://www.bcg.com/publications/2017/leadership-talent-people-organization-rewards-ceo-reflection.

5. Selim, interview by BCG Henderson Institute.

6. From personal communications, provided courtesy of Winthrop Smith Jr.

7. Marco Annunziata, "The Great Cognitive Depression," *Forbes*, June 11, 2019, http://www.forbes.com/sites/marcoannunziata/2019/01/11/the-great-cognitive-depression/#34702a5d74c1.

8. Shelby Clark, video interview by BCG Henderson Institute, October 30, 2019.

9. Taylor Dunn, "Anne Wojcicki, CEO of 23andMe, Shares Advice for Entrepreneurs and Overcoming Setbacks," *ABC News*, April 19, 2018, https://

abcnews.go.com/Business/anne-wojcicki-ceo-23andme-shares-advice-entrepreneurs-overcoming/story?id=54587273.

10. Bill Janeway, interview by BCG Henderson Institute, New York, March 22, 2019.

11. Ronald S. Burt, "Structural Holes and Good Ideas," *American Journal of Sociology* 110, no. 2 (2004): 379.

12. Selim, interview by BCG Henderson Institute.

13. Tim O'Reilly, interview by BCG Henderson Institute, Oakland, CA, August 21, 2019.

14. Katherine Ellen Foley, "Viagra's Famously Surprising Origin Story Is Actually a Pretty Common Way to Find New Drugs," *Quartz,* September 10, 2017, https://qz.com/1070732/viagras-famously-surprising-origin-story-is-actually-a-pretty-common-way-to-find-new-drugs/.

15. "Enid Bissett, Ida Rosenthal, and William Rosenthal: An Uplifting Idea," *Entrepreneur*, October 10, 2008, https://www.entrepreneur.com/article/197610.

16. John Armstrong, video interview by BCG Henderson Institute, October 22, 2019.

17. L. Shulman, "Capitalizing on Anomalies," *BCG Perspective*, 1997.

18. Shulman, "Capitalizing on Anomalies."

19. Clark, interview by BCG Henderson Institute.

20. Janeway, BCG Henderson Institute.

21. "The Web@Work: Boston Consulting Group," *Wall Street Journal*, July 9, 2001, https://www.wsj.com/articles/SB994635999982547003.

22. Janeway, interview by BCG Henderson Institute.

23. Janeway, interview by BCG Henderson Institute.

24. Jane South, interview by BCG Henderson Institute, New York, January 29, 2020.

25. Charlie Rose, "Busy Is the New Stupid," YouTube, January 10, 2019, https://www.youtube.com/watch?v=35sp4S2w9ZI.

第四章

1. E. J. Perkins, *Wall Street to Main Street: Charles Merrill and Middle-Class Investors* (New York: Cambridge University Press, 1999).

2. From personal communications, provided courtesy of Winthrop Smith Jr.

3. Winthrop Smith Jr., video interview by BCG Henderson Institute, September 25, 2020.

4. R. Sobel, *Dangerous Dreamers: The Financial Innovators from Charles Merrill to Michael Milken* (Washington, DC: Beard Books, 2000).

5. K. Friston, "The Free-Energy Principle: A Unified Brain Theory?," *Nature Reviews Neuroscience* 11 (2010), 127–138.

6. Walter J. Freeman, "Neurodynamic Models of Brain in Psychiatry," *Neuropsycopharmacology* 28 (2003), S53–S63.

7. Anil Seth, "Your Brain Hallucinates Your Conscious Reality," TED Talk, April 2017, https://www.ted.com/talks/anil_seth_your_brain_hallucinates_your_conscious_reality/transcript.

8. Seth, "Your Brain Hallucinates Your Conscious Reality."

9. Susan Hakkarainen, video interview by BCG Henderson Institute, December 10, 2019.

10. BCG Henderson Institute, personal correspondence.

11. P. Jones, *Reading Ovid: Stories from the Metamorphoses* (Spain: Cambridge University Press, 2007), 227.

12. John Battelle, interview by BCG Henderson Institute, New York, May 2, 2019.

13. Alain de Botton, email to BCG Henderson Institute.

14. Daniel Gross et al., "Charles Merrill and the Democratization of Stock," *Forbes Greatest Business Stories of All Time* (New York: Wiley, 1996).

15. John Armstrong, video interview by BCG Henderson Institute, October 22, 2019.

16. Quoted in Giovanni Gavetti and Anoop Menon, "Evolution Cum Agency: Toward a Model of Strategic Insight," *Strategy Science* 1, no. 3 (2016): 207–233.

17. Strategyzer website, https://www.strategyzer.com.

18. F. Scott Fitzgerald, "The Crack-Up: A Desolately Frank Document from One for Whom the Salt of Life Has Lost Its Savor," *Esquire*, February 1936, 41.

19. Thomas Aquinas, *Summa Theologica* (1265–1274), "Whether God Exists," Part 1, Question 2, Article 3.

20. M. Tripsas and G. Gavetti, "Capabilities, Cognition, and Inertia: Evidence

from Digital Imaging," *Strategic Management Journal* 21 (2000): 1147–1161.

21. The Polaroid Corporation went bankrupt in 2001, and the brand was sold to multiple companies before being acquired in 2017 by a group of private investors led by Wiaczelaw Smołokowski, who have brought the brand name back, together with the manufacture of instant film and cameras.

22. Simon Levin, interview by BCG Henderson Institute, New York, March 15, 2019.

23. Levin, interview by BCG Henderson Institute.

第五章

1. LEGO Group's "Developing a Product Leaflet," 1997, https://www.hilarypagetoys.com/Images/articlestock/article875_Image_Lego1.jpg.

2. "LEGO® History: Automatic Binding Bricks," LEGO.com, https:// www.lego.com/en-us/lego-history/automatic-binding-bricks-09d1f76589da4cb 48f01685e0dd0aa73.

3. Jørgen Vig Knudstorp, interview by BCG Henderson Institute; see also Sara Skakill, "Surprising Discovery about Godtfred Kirk Christiansen Revealed on His 100th Birthday," LEGO (blog), https://lan.lego.com/news/overview/surprising-discovery-about-godtfred-kirk-christiansen-revealed-on-his-100th-birthday-r265/.

4. Shelby Clark, video interview by BCG Henderson Institute, October 30, 2019.

5. "BCG, The First 10 Years Remembered, or How BCG Became a Group," internal presentation, 1974 (unpublished).

6. Nina Alnes Haslie, "Strengthening Innovation in Telenor," UIO Faculty of Social Sciences, August 20, 2018, https://www.sv.uio.no/english/research/applied-knowledge/examples/strengthening-innovation-in-telenor.html?vrtx=tags.

7. Clark, interview by BCG Henderson Institute.

8. Walter Isaacson, "How Steve Jobs' Love of Simplicity Fueled a Design Revolution," *Smithsonian Magazine*, September 2012.

9. "Play-Doh," National Toy Hall of Fame, Strong National Museum of Play, https://www.toyhalloffame.org/toys/play-doh.

10. Liz Gannes, "Ten Years of Google Maps, from Slashdot to Ground Truth," *Vox*, February 8, 2015, https://www.vox.com/2015/2/8/11558788/ten-years-of-google-maps-from-slashdot-to-ground-truth.

11. Chris Woodford, "History of Cars," Explain That Stuff!, March 18, 2020, https://www.explainthatstuff.com/historyofcars.html.

12. Jane South, interview by BCG Henderson Institute, New York, January 29, 2020.

13. "Fascinating Facts You Never Learned in School," WD-40 website, https://www.wd40.com/history/.

14. Steven Ross Pomeroy, "The Key to Science (and Life) Is Being Wrong," *Scientific American*, November 13, 2012, https://blogs.scientificamerican.com/guest-blog/the-key-to-science-and-life-is-being-wrong/.

第六章

1. Takanori Makiguchi, interview by BCG Henderson Institute, Tokyo, August 1, 2019.

2. Makiguchi, interview by BCG Henderson Institute; Recruit Holdings, "Creating Innovation," n.d., https://recruit-holdings.com/sustainability/people-workplace/management/; Recruit Holdings, Annual Report 2019, https:// recruit-holdings.com/who/reports/2019/pdf/ar19_annualreport_en.pdf.

3. Reed Stevenson, "This Company Is Japan's Top Contender for Global Internet Domination," Bloomberg, February 17, 2019, https://www.bloomberg.com/news/features/2019-02-17/recruit-is-japan-s-top-contender-for-global-internet-domination.

4. ¥78.9 billion. Recruit Holdings, Annual Report 2019.

5. Eduard Marbach, video interview by BCG Henderson Institute, May 3, 2019.

6. Morclean, "History of the Vacuum Cleaner," n.d., http://www.morclean.co.uk/History%20of%20the%20Vacuum%20Cleaner.

7. Hans-Jörg Schmid, "New Words in the Mind: Concept-Formation and Entrenchment of Neologisms," *Anglia* 126, no. 1 (December 2008): 1–36.

8. *Oxford English Dictionary*, online edition

9. Friedrich Nietzsche, *Daybreak: Thoughts on the Prejudices of Morality*, ed. Maudemarie Clark and Brian Leiter; trans. R. J. Hollingdale (Cambridge, UK: Cambridge University Press, 1997).

10. W. H. Smith, *Catching Lightning in a Bottle: How Merrill Lynch Revolutionized the Financial World* (Hoboken, NJ: Wiley, 2013), 197.

11. Ushma Patel, "Hasson Brings Real Life into the Lab to Examine Cognitive Processing," Princeton University, press release, December 5, 2011, https://www.princeton.edu/main/news/archive/S32/27/76E76/index.xml?section=featured.

12. David Phelan, "'On Monday There Is Nothing': Apple's Jony Ive on Design and Conflicts in Creativity," *Forbes*, November 20, 2018, https://www.forbes.com/sites/davidphelan/2018/11/20/apples-jony-ive-talks-about-the-iphone-design-and-nearly-giving-up/#638517e34117.

13. L. Kahney, *Jony Ive: The Genius behind Apple's Greatest Products* (London: Penguin, 2013), 117–124.

14. "Jony Ive: The Future of Design," Soundcloud, n.d., https://soundcloud.com/user-175082292/jony-ive-the-future-of-design.

15. R. S. Burt, *Brokerage and Closure: An Introduction to Social Capital* (Oxford: Oxford University Press, 2007).

16. Tim O'Reilly, interview by BCG Henderson Institute, Oakland, CA, August 21, 2019.

17. Ronald S. Burt, "Structural Holes and Good Ideas," *American Journal of Sociology* 110, no. 2 (2004): 349.

18. J. Huizinga, *Homo Ludens: A Study of the Play-Element in Culture* (Boston: Beacon Press, 1955).

19. John Battelle, interview by BCG Henderson Institute, New York, May 2, 2019.

20. Battelle, interview by BCG Henderson Institute.

21. Gavin Ardley, "The Role of Play in the Philosophy of Plato," *Philosophy* 42, no. 161 (1967): 226–244.

22. BCG Henderson Institute, survey of businesses in Nordic countries, 2020 (unpublished).

23. Jared Cohen, interview by BCG Henderson Institute, New York, May 16, 2019.

24. John Bunch, interview by BCG Henderson Institute, Las Vegas, NV, August 22, 2019.

25. Anna Winston, "Design Education Is 'Tragic' Says Jonathan Ive," *Dezeen*, November 13, 2014, https://www.dezeen.com/2014/11/13/design-education-tragic-says-jonathan-ive-apple/.

26. Roy Rosin, BCG Henderson Institute, personal communication.

27. Mikael Dolsten, interview by BCG Henderson Institute, New York, May 2, 2019.

28. Dolsten, interview by BCG Henderson Institute.

第七章

1. Commission on Chicago Landmarks, White Castle #16, Landmark Designation Report, City of Chicago, July 7, 2011, https://www.chicago.gov/dam/city/depts/zlup/Historic_Preservation/Publications/White_Castle_Num_16_Report.pdf.

2. "White Castle," Kansapedia, Kansas Historical Society, February 2011, https://www.kshs.org/kansapedia/white-castle/16716.

3. Andrew F. Smith, *Hamburger: A Global History (Edible)* (London: Reaktion Books, 2013).

4. Kate Kelly, "White Castle Hamburgers: The Story," America Comes Alive!, June 15, 2015, https://americacomesalive.com/2015/06/15/white-castle-hamburgers-the-story/.

5. Karl Marx and Friedrich Engels, *The Communist Manifesto*, 1848.

6. Ralf W. Seifert, "Mi Adidas" Customization Initiative," Case IMD-159 (Boston: Harvard Business School, 2002).

7. Rita Kramer, *Maria Montessori: A Biography* (New York: Diversion Books, 1988), 90.

8. Maria Montessori, *The Montessori Method* (New York: Frederick A. Stokes Company, 1912), 261, emphasis added, pronoun changed.

9. "Montessori Helps Children Reach Their Full Potential in Schools All Around the World," National Center for Montessori in the Public Sector, https://www.public-montessori.org/montessori/.

10. Jeff Bezos, 2016 Letter to Shareholders, Amazon, April 17, 2017, https://blog.aboutamazon.com/company-news/2016-letter-to-shareholders.

11. Sam Biddle, "How to Be a Genius: This Is Apple's Secret Employee Training Manual," Gizmodo, August 28, 2012, https://gizmodo.com/how-to-be-a-genius-this-is-apples-secret-employee-trai-5938323; personal communication with Apple store employee, October 4, 2019.

12. Bill Janeway, interview by BCG Henderson Institute, New York, March 22, 2019.

13. Holocracy, "Evolve Your Organization," n.d., https://www.holacracy.org.

14. Martin Reeves, Edzard Wesselink, and Kevin Whitaker, "The End of Bureaucracy, Again?," BCG, July 27, 2020, https://www.bcg.com/publications/2020/changing-business-environment-pushing-end-to-bureaucracy.

15. Isadore Sharp, *Four Seasons* (New York: Penguin Publishing Group, 2009), 96.

16. Phil Charron, "What the Four Seasons Taught Me about Customer Experience," Think Company, April 20, 2016, https://www.thinkcompany.com/2016/04/what-the-four-seasons-taught-me-about-customer-experience/.

17. John Battelle, interview by BCG Henderson Institute, New York, May 2, 2019.

18. Martin Reeves et al., "Taming Complexity," *Harvard Business Review*, January–February 2020.

19. Patty McCord, "How Netflix Reinvented HR," *Harvard Business Review*, January–February 2014.

20. McCord, "How Netflix Reinvented HR."

21. Netflix, "Rule Creep," SlideShare, n.d., https://www.slideshare.net/reed2001/culture-1798664/65-Rule_Creep_Bad_processes_tend.

第八章

1. "Amazon Acquisitions," Microacquire, n.d., https://acquiredby.co/amazon-acquisitions/.

2. Day One Staff, "2016 Letter to Shareholders," Amazon blog, April 17, 2017, https://blog.aboutamazon.com/company-news/2016-letter-to-shareholders.

3. Jeff Bezos, "2018 Letter to Shareholders," Amazon blog, April 11, 2019, https://www.aboutamazon.com/news/company-news/2018-letter-to-shareholders.

4. Charles A. O'Reilly III and Michael L. Tushman, "Organization Ambidexterity: Past, Present and Future," *Academy of Management Perspectives* 27, no. 4 (2013).

5. BCG Henderson Institute, survey of businesses in Nordic countries, 2020 (unpublished).

6. Andre Haddad, video interview by BCG Henderson Institute, May 1, 2019.

7. Jared Cohen, interview by BCG Henderson Institute, New York, May 16, 2019.

8. Magdalena Priefer, email correspondence with BCG Henderson Institute, January 15, 2020.

9. Y. Tsunetsugu, Y. Miyazaki, and H. Sato, "Visual Effects of Interior Design in Actual-Size Living Rooms on Physiological Responses," *Building and Environment* 40, no. 10 (2005): 1341–1346.

10. Ryan Smith et al., "The Hierarchical Basis of Neurovisceral Integration," *Neuroscience & Biobehavioral Reviews* 75 (2017): 274–296.

11. Takanori Makiguchi, interview by BCG Henderson Institute, Tokyo, August 1, 2019.

12. Ed Catmull, "How Pixar Fosters Collective Creativity," *Harvard Business Review*, September 2008.

13. Amazon Jobs, "Leadership Principles," n.d., https://www.amazon.jobs/en/principles.

14. BCG Henderson Institute, personal correspondence, September 28, 2020.

15. John Armstrong, video interview by BCG Henderson Institute, October 22, 2019.

16. "History of the Devil's Advocate," *Unam Sanctam Catholicam*, n.d., http://www.unamsanctamcatholicam.com/history/79-history/351-devil-s-advocate.html.

17. Indra Nooyi, interview by BCG Henderson Institute, April 1, 2014.

18. Martin Reeves, Frida Polli, and Gerardo Guitérrez-López, "Strategy, Games, and the Mind," BCG, March 21, 2018, https://www.bcg.com/publications/2018/strategy-games-mind.aspx.

19. Pamela O. Long, "Trading Zones in Early Modern Europe," *Isis* 106, no. 4 (2015).

20. Ulrich Pidun, Martin Reeves, and Maximillian Schüssler, "Do You Need a Business Ecosystem?," BCG, September 27, 2019, https://www.bcg.com/publications/2019/do-you-need-business-ecosystem.aspx

21. Annabelle Gawer and Michael A. Cusumano, "Industry Platforms and Ecosystem Innovation," *Journal of Product Innovation Management* 31, no. 3 (2014): 417–433.

22. Jeff Bezos, 2018 Letter to Shareholders, Amazon blog, April 11, 2019, https://blog.aboutamazon.com/company-news/2018-letter-to-shareholders.

23. Martin Reeves et al., "Ambidexterity: The Art of Thriving in Complex Environments," BCG, February 13, 2013, https://www.bcg.com/publications/2013/strategy-growth-ambidexterity-art-thriving-complex-environments.aspx.

24. "Dyb.com," *Economist*, September 16, 1999, https://www.economist.com/special/1999/09/16/dybcom.

第九章

1. Blaise Agüera y Arcas, video interview by BCG Henderson Institute February 10, 2020.

2. Mario Klingemann, "The Importance of Being on Twitter," Twitter, July 18, 2020, https://twitter.com/quasimondo/status/1284509525500989445?s=20.

3. Arram Sabeti, "GPT-3: An AI That's Eerily Good at Writing Almost Anything," blog, https://arr.am/2020/07/09/gpt-3-an-ai-thats-eerily-good-at-writing-almost-anything/.

4. "This Is Speedgate," AKQA, n.d., https://playspeedgate.org.

5. James Vincent, "How Three French Students Used Borrowed Code to Put the First AI Portrait in Christie's," Verge, October 23, 2018, https://www.theverge.com/2018/10/23/18013190/ai-art-portrait-auction-christies-belamy-obvious-robbie-barrat-gans.

6. Courtesy of Wordsmith by Automated Insights.

7. Reuben Yonatan, "15 Ways Companies Use AI to Enhance Their CRMs," Saaslist, May 5, 2018, https://saaslist.com/blog/ai-enhance-crm/.

8. Nicole Martin, "Did a Robot Write This? How AI Is Impacting Journalism," *Forbes*, February 8, 2019, https://www.forbes.com/sites/nicolemartin1/2019/02/08/did-a-robot-write-this-how-ai-is-impacting-journalism/#62b131227795.

9. Deep Knowledge Analytics, "A Breakthrough in Imaginative AI with Experimental Validation to Accelerate Drug discovery," news release, September 2, 2019, https://www.eurekalert.org/pub_releases/2019-09/dka-abi090319.php.

10. David Pereira, "GPT-3: A Brief Introduction," *Towards Data Science*, July 25, 2020, https://towardsdatascience.com/gpt-3-101-a-brief-introduction-5c9d773a2354.

11. Gary Marcus and Ernest Davis, "GTP-3, Bloviator: OpenAI's Language Generator Has No Idea What It's Talking About," *MIT Technology Review*,

August 22, 2020, https://www.technologyreview.com/2020/08/22/1007539/gpt3-openai-language-generator-artificial-intelligence-ai-opinion/.

12. Justin Weinberg, "Philosophers on GPT-3," *Daily Nous*, July 30, 2020, http://dailynous.com/2020/07/30/philosophers-gpt-3/.

13. Agüera y Arcas, interview by BCG Henderson Institute.

14. We have modified Kai-Fu Lee's framework by incorporating the empathizing-systematizing distinction developed by psychologist Simon Baron-Cohen, "Autism: The Empathizing-Systematizing (E-S) Theory," *Annals of the New York Academy of Sciences* 1156 (2009): 68–80.

15. Georg Wittenburg, video interview by BCG Henderson Institute interview, February 23, 2020.

16. Matt Windsor, "Artificial Intelligence Software Improves Accuracy, Doubles Speed in Evaluation CT Scan of Advanced Cancer," *University of Alabama News*, May 29, 2020, https://www.uab.edu/news/health/item/11348-artificial-intelligence-software-improves-accuracy-doubles-speed-in-evaluating-ct-scans-of-advanced-cancer.

17. LILT website, https://lilt.com/translators.

18. Bob Goodson, video interview by BCG Henderson Institute, July 15, 2020.

19. Kevin McCaney, "DoD Gets Serious about AI and Simulation in Wargaming," MeriTalk, February 20, 2018, https://www.meritalk.com/articles/dod-gets-serious-about-ai-and-simulation-in-wargaming/.

20. Gwern Branwen, "GPT-3 Creative Fiction," Gwern.net, n.d., https:// www.gwern.net/GPT-3#prompts-as-programming.

21. "New BCG Office at 10 Hudson Yards Aims to Maximize Casual Collisions," BCG, press release, January 17, 2017, https://www.bcg.com/press/17january2017-new-bcg-office-ny.

22. Isha Salian, "Stroke of Genius: GauGAN Turns Doodles into Stunning, Photorealistic Landscapes," NVIDIA blog, March 18, 2019, https:// blogs.nvidia.com/blog/2019/03/18/gaugan-photorealistic-landscapes-nvidia-research/.

23. Martin Reeves, Gerry Hansell, and Rodolphe Charme di Carlo, "How Vital Companies Think, Act, and Thrive," BCG, February 12, 2018, https:// www.bcg.com/publications/2018/vital-companies-think-act-thrive.aspx.

24. Mihnea Moldoveanu, "Intelligent Artificiality: Why 'AI' Does Not Live Up to Its Hype—and How to Make It More Useful Than It Currently Is," *The European Business Review*, July 26, 2019.

第十章

1. Risto Siilasmaa, video interview by BCG Henderson Institute, June 16, 2020.

2. Siilasmaa, interview by BCG Henderson Institute.

3. Patricia Sellers, "P&G: Teaching an Old Dog New Tricks," *Fortune*, May 31, 2004.

4. Winthrop Smith Jr., video interview by BCG Henderson Institute, September 25, 2020.

5. Risto Siilasmaa, *Transforming NOKIA: The Power of Paranoid Optimism to Lead through Colossal Change* (New York: McGraw-Hill Education, 2019).

6. "Nokia CEO Stephen Elop's 'Burning Platform' Memo," *Wall Street Journal*, February 9, 2011, https://www.wsj.com/articles/BL-TEB-2031.

7. Tiger Tyagarajan, video interview by BCG Henderson Institute, August 10, 2020.

8. Martin Reeves, Kevin Whitaker, and Saumeet Nanda, "Fractal Strategy: Responding to Covid-19 on Multiple Timescales," BCG, July 24, 2020, https://www.bcg.com/publications/2020/responding-to-covid-19-on-multiple-timescales.

9. Nitin Paranjpe, video interview by BCG Henderson Institute, October 21, 2020.

10. Paranjpe, interview by BCG Henderson Institute.

11. Paranjpe, interview by BCG Henderson Institute.

12. Remedios, "Project Bushfire," https://web.archive.org/web/20171201081839/http://www.mixprize.org/story/project-bushfire-focussing-might-entire-organization-consumer.

13. Martin Reeves, "Algorithms Can Make Your Organization Self- Tuning," *Harvard Business Review*, May 2015.

14. Martin Reeves, Ming Zeng, and Amin Venjara, "The Self-Tuning Enterprise," *Harvard Business Review*, June 2015.

15. Risto Siilasmaa, *Transforming NOKIA*.

16. Siilasmaa, interview by BCG Henderson Institute.

17. "The Future Has Arrived," Quote Investigator, https://quote investigator. com/2012/01/24/future-has-arrived/.

18. Remedios, "Project Bushfire."

19. William P. Barnett, Mooweon Rhee, and Dongyub Shin, "The Rise of AmorePacific," Case SM 274 (Palo Alto, CA, Stanford Graduate School of Business, 2017).

20. Barnett et al., "The Rise of AmorePacific."

21. Tyagarajan, interview by BCG Henderson Institute.

22. Paranjpe, interview by BCG Henderson Institute.

23. Paranjpe, interview by BCG Henderson Institute.

24. Paranjpe, interview by BCG Henderson Institute.

25. Joey Reiman, video interview by BCG Henderson Institute, May 7, 2019.